성경을 따라가는 52주 가정예배

역사서

세움북스는 기독교 가치관으로 교회와 성도를 건강하게 세우는 바른 책을 만들어 갑니다.

2
역사서

성경을 따라가는 52주 가정예배

일주일에 한 번, 온 가족 말씀 동행 프로젝트

초판 1쇄 인쇄 2023년 11월 20일
초판 1쇄 발행 2023년 11월 25일

지은이 | 김태희
펴낸이 | 강인구

펴낸곳 | 세움북스
등 록 | 제2014-000144호
주 소 | 서울시 종로구 대학로 19 한국기독교회관 1010호
전 화 | 02-3144-3500
이메일 | cdgn@daum.net

디자인 | 참디자인

ISBN 979-11-91715-97-2 (03230)

일주일에 한 번, 온 가족 말씀 동행 프로젝트

성경을 따라가는
52주 가정예배

2
역사서

김태희 지음

세움북스

서문

이 책은 가정예배 교재입니다. 책의 구성을 따라가면 누구나 힘들지 않게 가정예배를 인도할 수 있습니다. 이 책은 부모가 자녀에게 성경 66권을 가르치는 것을 목표로 합니다. 구약 4권, 신약 2권으로 구성되어 있으므로, 일 년에 한 권씩 6년 동안 사용할 수 있습니다. 그래서 초등학교 1학년 때 창세기를 시작하면 초등학교 6학년 때 요한계시록을 마칠 수 있습니다.

이 책으로 가정예배를 드리는 방식은 다음과 같습니다. 가장 먼저 시간을 정해야 합니다. 개혁주의 교회는 전통적으로 주일 저녁에 가정예배를 드렸습니다. 주일을 온전히 지키는 측면에서도 주일 저녁이 가장 좋다고 생각합니다. 물론 다른 시간에 모여도 무방합니다. 대신 가정예배 시간이 계속 바뀌지 않도록 해야 합니다.

가정예배는 찬송으로 시작하는 것이 좋습니다. 찬송에 앞서 사도신경을 고백할 수도 있습니다. 찬송 이후에는 부모 중 한 명이 시작기도를 드립니다. 다음으로 가정예배 본문을 읽는데, 모든 가족이 돌아가면서 읽는 것을 추천합니다. 본문은 세 개 또는 네 개의 단락으로 구성되어 있습니다. 단락별로 읽으시면 됩니다.

다음은 본문 묵상입니다. 교재에는 묵상을 도와주는 질문이 포함되어 있습니다. 부모는 교재에 있는 질문을 통해 자녀들이 말씀을 잘 이해했는지 확인하고, 이해가 부족할 때는 보충 설명을 해 주어야 합니다. 마지막으로 부모 중 한 명이 마침 기도를 합니다. 아이들이 가정예배에 익숙해지면, 아이들이 돌아가면서 기도하는 것도 좋습니다.

장로교회의 표준문서인 웨스트민스터 예배모범 제8장에는 다음과 같이 기록되어 있습니다. "가정 기도회는 신자의 당연한 의무이므로 가정마다 행할 것이니 매일 성경을 읽고, 기도하며, 찬송함으로 행할 것이다." 따라서 교회는 성도들이 가정예배를 시작하도록 독려해야 하며, 가정예배가 제대로 드려지는지 감독해야 합니다.

저는 한국 교회의 위기가 바로 여기에서 시작되었다고 생각합니다. 신자의 의무이며, 부모의 의무인 가정예배가 사라진 결과, 주일학교의 위기, 그리고 한국 교회의 위기가 시작되었다고 생각합니다. 따라서 가정예배가 회복될 때 비로소 주일학교가 회복되고, 한국 교회가 회복된다고 생각합니다.

아무쪼록 《성경을 따라가는 52주 가정예배》를 통해, 가정예배가 회복되고, 그리하여 주일학교가 회복되고, 마침내 한국 교회가 회복되는 선순환이 일어나기를 소망합니다.

목차

서문 ✢ 4

여호수아

사사기

룻기

사무엘상·하

열왕기상·하

역대상·하

에스라

느헤미야

일주일에 한 번,
온 가족 말씀 동행 프로젝트

여호수아

이 율법책을 묵상하라
그리하면 네가 형통하리라

여호수아 1장 | 찬송가 199장. 나의 사랑하는 책

> 여호와의 종 모세가 죽은 후에
> 여호와께서 모세의 수종자 눈의 아들 여호수아에게
> 말씀하여 이르시되 (1:1)

위대한 지도자 모세가 죽었지만, 하나님의 계획은 중단되지 않았습니다. 하나님은 여호수아를 새로운 지도자로 세우셔서 하나님의 일을 계속해서 이어 가셨습니다. 우리가 생각하지 못했던 사건이나 사고가 발생할지라도, 하나님의 일하심은 중단되지 않습니다. 하나님은 변함없이 우리를 위해서 일하십니다. 부정적인 환경에서도 두려워하지 마십시오. 하나님은 새로운 길을 열어 주실 것입니다.

하나님은 이스라엘에게 가나안 땅을 주시겠다고 약속하셨습니다. 그러면서 동시에 이스라엘이 발바닥으로 밟는 땅을 주시겠다고 하셨습니다. 가나안은 하나님께서 선물로 주시는 땅인 동시에, 이스라엘이 성실하게 정복해야 하는 땅입니다. 이처럼 하나님의 은혜는 우리의 책임을 배제하지 않습니다. 하나님의 은혜를 받기 위해서는 우리에게 주어진 일을 성실하게 수행해야 합니다. 성실하게 일해야 하고, 성실하게 공부해야 합니다.

여호수아는 가나안 정복 전쟁을 앞두고 크게 두려워하고 있었습니다. 그래서 하나님께서 여호수아에게 말씀하셨습니다. "내가 너를 떠나지 아니하며 버리지 아니하리니 강하고 담대하라" 우리의 힘으로 무언가를 해야 한다고 생각하면 두려워하게 됩니다. 하지만 하나님께서 우리를 도와주신다고 믿으면 강하고 담대하게 됩니다. 하나님은 언제나 우리와 함께하십니다. 그러므로 우리는 언제나 강하고 담대해야 합니다.

> 이 율법책을 네 입에서 떠나지 말게 하며
> 주야로 그것을 묵상하여 그 안에 기록된 대로 다 지켜 행하라
> 그리하면 네 길이 평탄하게 될 것이며 네가 형통하리라 (1:8)

가나안 정복 전쟁을 앞두고 크게 두려워하던 여호수아에게 하나님께서 말씀하셨습니다. 가나안 정복 전쟁에서 승리할 수 있는 비결을 가르쳐 주셨습니다. 하나님께서 말씀하신 승리의 비결은 하나님의 말씀을 밤낮으로 묵상하는 것입니다. 그리고 그 말씀에 순종하는 것입니다. 우리는 여기서 다음과 같은 사실을 알 수 있습니다. 첫째, 승리는 하나님께서 주시는 것입니다. 둘째, 하나님은 말씀을 묵상하고 말씀에 순종하는 자에게 승리를 주십니다.

묵상

가나안 땅을 선물로 받기 위해 이스라엘이 해야 하는 일은
무엇입니까?

가나안 정복 전쟁을 앞두고 두려워하던 여호수아에게
하나님께서 하신 말씀은 무엇입니까?

기도

하나님. 승리는 하나님의 것이며, 하나님께서 주시는 것입니
다. 하나님께서 주시는 승리를 얻기 위하여, 날마다 하나님의
말씀을 묵상하고, 그 말씀을 신뢰하며, 그 말씀에 순종하게 해
주세요. 예수님의 이름으로 기도합니다. 아멘.

2주

여호와께서 이 땅을
너희에게 주신 줄을 내가 아노라

여호수아 2장 | 찬송가 200장. 달고 오묘한 그 말씀

> 눈의 아들 여호수아가 싯딤에서
> 두 사람을 정탐꾼으로 보내며 이르되 가서
> 그 땅과 여리고를 엿보라 하매
> 그들이 가서 라합이라 하는 기생의 집에 들어가
> 거기서 유숙하더니 (2:1)

여호수아는 여리고에 정탐꾼들을 보냈습니다. 하지만 여리고 왕은 정탐꾼들이 들어온 것을 알게 되었습니다. 그래서 여리고 왕은 군사를 보내어 정탐꾼들을 찾았습니다. 정탐꾼들은 라합의 집에 숨어 있

었습니다. 왕이 보낸 군사들이 라합의 집까지 찾아왔지만, 라합은 목숨을 걸고 정탐꾼들을 숨겨 주었습니다. 라합이 정탐꾼들을 살리기 위해 목숨을 걸었던 것은 하나님에 대한 믿음이 있었기 때문입니다. 하나님께서 가나안 땅을 이스라엘에게 주셨다고 믿었기 때문입니다. 라합은 하나님을 믿었기에 구원을 얻었습니다.

> 또 그들이 눕기 전에 라합이 지붕에 올라가서
> 그들에게 이르러 말하되
> 여호와께서 이 땅을 너희에게 주신 줄을 내가 아노라
> 우리가 너희를 심히 두려워하고
> 이 땅 주민들이 다 너희 앞에서 간담이 녹나니 (2:8-9)

라합은 정탐꾼들에게, 여리고 사람들이 이스라엘을 두려워하고 있음을 알려 주었습니다. 여리고 사람들은 하나님께서 하신 일을 알고 있었습니다. 하나님께서 홍해 바다를 가르신 사건을 알고 있었습니다. 따라서 이스라엘은 여리고 사람들을 두려워할 필요가 없었습니다. 이스라엘의 하나님은 곧 우리의 하나님입니다. 홍해 바다를 가르신 하나님은 곧 우리가 믿는 하나님입니다. 그러므로 우리는 두려워할 필요가 없습니다. 우리가 해야 하는 일은 하나님을 신뢰하면서 하나님께서 하실 일을 잠잠이 기다리는 것입니다.

> 라합이 이르되 너희의 말대로 할 것이라 하고
> 그들을 보내어 가게 하고 붉은 줄을 창문에 매니라 (2:21)

라합은 정탐꾼들에게 자신의 생명을 살려 달라고 부탁했습니다. 정탐꾼들은 붉은 줄을 창문에 매어 놓으면 라합을 살려 주겠다고 약속

했습니다. 이에 라합은 정탐꾼들이 떠나자마자 곧바로 창문에 붉은 줄을 매달아 놓았습니다. 라합은 이스라엘이 승리할 것이라고, 하나 님께서 이스라엘에게 승리를 주실 것이라고 확실하게 믿었습니다.

> 또 여호수아에게 이르되
> 진실로 여호와께서 그 온 땅을 우리 손에 주셨으므로
> 그 땅의 모든 주민이 우리 앞에서 간담이 녹더이다 하더라 (2:24)

라합은 하나님께서 이스라엘에게 승리를 주실 것이라고 확실하게 믿었습니다. 정탐꾼들도 라합의 모습을 보면서 승리를 확신하게 되 었습니다. 우리도 라합처럼 다른 사람에게 좋은 영향을 끼치는 사람 이 되어야 합니다. 우리가 항상 하나님께 감사한다면, 우리 곁에 있 는 사람들도 하나님께 감사하게 될 것입니다. 반대로 우리가 항상 하나님께 불평한다면, 우리 곁에 있는 사람들도 하나님께 불평하게 될 것입니다.

묵상

왜 라합은 정탐꾼들을 살리려고 노력했습니까?

정탐꾼들은 라합을 통해 어떤 사실을 알게 되었습니까?

기도

하나님. 여리고 사람들은 하나님의 위대하심을 알고 있었습니다. 하나님께서 하신 일을 알고서 두려워했습니다. 저희의 삶을 통해서도 하나님의 위대하심이 전파되게 해 주세요. 하나님의 위대하심을 많은 사람들이 알게 해 주세요. 예수님의 이름으로 기도합니다. 아멘.

성벽이 무너져 내린지라

여호수아 6장 | 찬송가 202장. 하나님 아버지 주신 책은

이스라엘 자손들로 말미암아
여리고는 굳게 닫혔고 출입하는 자가 없더라 (6:1)

여리고 성은 굳게 닫혀 있었습니다. 또한 높고 단단했습니다. 이스라엘은 도저히 여리고를 정복할 수 없었습니다. 여리고 성을 부술수 없었고, 여리고 성을 넘을 수도 없었습니다. 참으로 여리고는 난공불락의 요새였습니다.

너희 모든 군사는 그 성을 둘러

성 주위를 매일 한 번씩 돌되 엿새 동안을 그리하라

제사장 일곱은 일곱 양각 나팔을 잡고 언약궤 앞에서 나아갈 것이요

일곱째 날에는 그 성을 일곱 번 돌며

그 제사장들은 나팔을 불 것이며 (6:3-4)

하나님은 이스라엘에게 전쟁에서 승리할 수 있는 비결을 알려 주셨습니다. 하나님이 알려 주신 비결은 여리고 성 주위를 매일 한 번씩 도는 것이었습니다. 그리고 일곱째 날에는 일곱 번을 도는 것이었습니다. 아마 이스라엘은 하나님의 말씀을 이해할 수 없었을 것입니다. 하지만 이것이 승리의 비결이었습니다. 하나님은 순종하고 따르는 자에게 승리를 주십니다.

이에 백성은 외치고 제사장들은 나팔을 불매

백성이 나팔 소리를 들을 때에

크게 소리 질러 외치니 성벽이 무너져 내린지라

백성이 각기 앞으로 나아가 그 성에 들어가서 그 성을 점령하고 (6:20)

하나님께서 알려 주신 승리의 비결은 성 주위를 도는 것이었습니다. 이스라엘은 이해하기 힘든 하나님의 명령에 순종했습니다. 그러자 기적이 일어났습니다. 하나님의 말씀대로 성을 돌았을 뿐인데, 거대한 성이 무너졌습니다. 우리는 여기서 다음과 같은 사실을 알 수 있습니다. 첫째, 하나님은 순종하는 자를 통해서 일하십니다. 둘째, 우리가 하나님의 말씀에 순종할 때, 하나님의 능력이 나타납니다. 셋째, 그러므로 가장 강한 사람은 순종하는 사람입니다.

이스라엘은 여리고를 정복했습니다. 여리고 사람들은 이스라엘에게서 모두 죽임을 당했습니다. 하지만 라합의 가정은 무사했습니다. 라합은 하나님을 믿었기 때문에, 이스라엘이 승리할 것을 믿었기 때문에 생명을 보존할 수 있었습니다. 그래서 라합은 믿음의 여인으로 역사에 이름을 남기게 되었습니다. 놀랍게도 라합은 예수님의 족보에 이름을 올린 여인이 되었습니다 (마 1:5).

묵상

하나님은 어떤 사람에게 승리를 주십니까?

어떤 사람이 가장 강한 사람입니까?

기도

하나님. 이스라엘은 견고한 여리고 성을 두려워하지 않았습니다. 하나님의 말씀을 믿고, 하나님께서 함께하심을 믿었기 때문입니다. 저희도 하나님을 믿고, 두려움 없이 세상으로 나아가게 해 주세요. 하나님의 뜻을 이루어 나가게 해 주세요. 예수님의 이름으로 기도합니다. 아멘.

오직 나와 내 집은
여호와를 섬기겠노라

여호수아 24장 | 찬송가 204장. 주의 말씀 듣고서

여호수아가 이스라엘 모든 지파를 세겜에 모으고

이스라엘 장로들과 그들의 수령들과

재판장들과 관리들을 부르매

그들이 하나님 앞에 나와 선지라 (24:1)

여호수아는 자신이 세상을 떠나 하나님 곁으로 가게 될 날이 얼마 남지 않음을 알았습니다. 그래서 여호수아는 백성들을 세겜으로 불러 모았습니다. 그리고 유언을 남겼습니다. 여호수아가 세상을 떠나기 전 마지막으로 남긴 말은 무엇일까요?

여호수아가 마지막으로 남긴 말은 '하나님의 은혜'입니다. 여호수아는 아브라함의 아버지가 우상 숭배자였다고 말합니다. 아마 아브라함도 처음에는 부모님처럼 우상을 숭배했을 것입니다. 하지만 하나님은 아브라함에게 은혜를 베푸셨습니다. 하나님은 아브라함을 하나님의 백성으로 선택하셨습니다. 우리도 마찬가지입니다. 하나님은 우리를 하나님의 자녀로 선택해 주셨습니다. 우리에게는 하나님의 자녀가 될 만한 아무런 자격이 없습니다. 우리가 하나님의 자녀가 된 것은 오직 하나님의 은혜입니다.

여호수아가 마지막으로 남긴 말은 '하나님의 도움'입니다. 여호수아는 홍해 사건과 광야 생활에 대해 말합니다. 하나님은 홍해를 가르심으로 애굽 군대로부터 이스라엘을 도우셨습니다. 하나님은 만나를 주심으로 광야에서 이스라엘을 도우셨습니다. 이처럼 우리 하나님은 우리를 도와주시는 하나님입니다. 하나님은 우리에게 무관심하지 않으십니다. 우리가 기도할 때, 하나님은 우리의 기도를 들으십니다. 우리가 도움을 구할 때, 하나님은 우리를 도와주십니다.

> 만일 여호와를 섬기는 것이 너희에게 좋지 않게 보이거든
> 너희 조상들이 강 저쪽에서 섬기던 신들이든지
> 또는 너희가 거주하는 땅에 있는 아모리 족속의 신들이든지
> 너희가 섬길 자를 오늘 택하라
> 오직 나와 내 집은 여호와를 섬기겠노라 하니 (24:15)

여호수아가 마지막으로 남긴 말은 '하나님만을 섬기겠다는 결단'입니다. 여호수아는 가나안의 우상을 섬기지 않고, 오직 하나님만을 섬기겠다고 말합니다. 하나님이 우리의 구원자요 도움이심을 믿기에 할 수 있는 결단입니다. 우리도 이렇게 결단할 수 있어야 합니다. 평생 하나님만 섬기겠다는 결단이 우리에게 있기를 바랍니다.

묵상

아브라함의 아버지는 원래 어떤 사람이었습니까?

여호수아가 홍해와 광야에 대해서 말하는 이유는
무엇입니까?

기도

하나님. 여호수아는 오직 하나님만 섬기겠다고 결단했습니다.
저희 가정도 다른 것을 의지하지 않고 오직 하나님만 섬기는
가정이 되게 해 주세요. 예수님의 이름으로 기도합니다. 아멘.

일주일에 한 번,
온 가족 말씀 동행 프로젝트

사사기

철 병거가 있으므로
그들을 쫓아내지 못하였으며

사사기 1장 | 찬송가 205장. 주 예수 크신 사랑

> 여호수아가 죽은 후에
> 이스라엘 자손이 여호와께 여쭈어 이르되
> 우리 가운데 누가 먼저 올라가서 가나안 족속과 싸우리이까
> 여호와께서 이르시되 유다가 올라갈지니라
> 보라 내가 이 땅을 그의 손에 넘겨 주었노라 하시니라 (1:1-2)

사사기의 핵심 주제는 '이스라엘의 불순종'입니다. 사사기는 이스라엘이 반복해서 하나님께 불순종했음을 강조합니다. 하지만 처음부터 이스라엘이 하나님께 불순종했던 것은 아닙니다. 처음에는 하

나님의 뜻을 찾았고 하나님의 뜻대로 행동하기 위해 노력했습니다. 그 결과 유다 지파는 가나안 원주민과의 싸움에서 승리할 수 있었습니다.

> 여호와께서 유다와 함께 계셨으므로
> 그가 산지 주민을 쫓아내었으나
> 골짜기의 주민들은 철 병거가 있으므로
> 그들을 쫓아내지 못하였으며 (1:19)

유다 지파는 산지 주민은 쫓아내었으나 골짜기의 주민들은 쫓아내지 못했습니다. 사실 유다 지파는 골짜기의 주민들이 가지고 있는 철 병거가 무서워서 전쟁을 시작하지도 않았습니다. 만약 유다 지파가 하나님을 의지하여 골짜기 주민들과 싸웠다면, 하나님은 틀림없이 유다 지파에게 승리를 주셨을 것입니다. 실제로 여선지자 드보라 시대에는(삿 4:4), 철 병거 900대를 가지고 있는 시스라와의 전쟁에서 이스라엘이 승리했었습니다(삿 4:15). 따라서 유다 지파가 골짜기 주민들을 쫓아내지 못한 이유는 하나님에 대한 믿음이 없었기 때문입니다.

> 이스라엘이 강성한 후에야 가나안 족속에게 노역을 시켰고
> 다 쫓아내지 아니하였더라 (1:28)

하나님은 이스라엘에게 가나안 족속을 진멸하라고 하셨습니다. 가나안 원주민을 한 사람도 남기지 않고 모두 쫓아내라는 뜻입니다. 하지만 이스라엘은 가나안 원주민을 모두 쫓아내지 않았습니다. 가나안 원주민을 쫓아내는 것보다 가나안 원주민에게 강제 노동을 시

키는 것이 더 이익이 되었기 때문입니다. 이스라엘은 자신들의 이익을 위해 하나님의 뜻을 어겼습니다. 이스라엘은 이것 때문에 이후에 큰 어려움을 겪게 됩니다.

> 아모리 족속이 단 자손을 산지로 몰아넣고
> 골짜기에 내려오기를 용납하지 아니하였으며 (1:34)

이스라엘은 하나님의 말씀에 순종하지 않았습니다. 하나님 말씀대로 가나안 원주민을 모두 쫓아내지 않았습니다. 그 결과 이스라엘은 가나안 원주민들에게 쫓겨나는 신세가 되었습니다. 단 지파는 가나안 원주민을 쫓아내는 것이 아니라 오히려 그들에게 쫓기는 신세가 되었습니다. 하나님의 말씀에 철저하게 순종하지 않은 결과였습니다.

묵상

사사기의 핵심 주제는 무엇입니까?

왜 이스라엘은 가나안 원주민을 모두 쫓아내지 않았습니까?

기도

하나님. 이스라엘은 하나님의 말씀에 철저하게 순종하지 않아서 큰 어려움을 겪었습니다. 사람의 생각과 판단을 따르기보다 하나님의 말씀을 따르게 해 주세요. 하나님의 말씀에 철저하게 순종하게 해 주세요. 예수님의 이름으로 기도합니다. 아멘.

6주

사사가 죽은 후에는 더욱 타락하여
다른 신들을 따라 섬기며

사사기 2장 | 찬송가 214장. 나 주의 도움받고자

> 여호와의 사자가 길갈에서부터 보김으로 올라와 말하되
>
> 내가 너희를 애굽에서 올라오게 하여
>
> 내가 너희의 조상들에게 맹세한 땅으로 들어가게 하였으며
>
> 또 내가 이르기를 내가 너희와 함께 한 언약을 영원히 어기지 아니하리니
>
> 너희는 이 땅의 주민과 언약을 맺지 말며 그들의 제단들을 헐라 하였거늘
>
> 너희가 내 목소리를 듣지 아니하였으니 어찌하여 그리하였느냐 (2:1-2)

하나님과 이스라엘은 언약을 맺었습니다. 하나님은 이스라엘에게
가나안 땅을 주신다고 약속하셨고, 이스라엘은 하나님께 순종하겠
다고 약속했습니다. 하지만 이스라엘은 하나님과 맺은 언약을 어겼

역사서

습니다. 대신 가나안 원주민과 언약을 맺었습니다. 이스라엘은 가나안 원주민을 쫓아내는 대신 그들에게 강제 노동을 시켰습니다.

만약 이스라엘이 하나님의 말씀에 순종했다면, 하나님은 이스라엘에게 복을 주셨을 것입니다. 만약 이스라엘이 가나안 원주민과 싸웠다면, 하나님은 이스라엘에게 승리를 주셨을 것입니다. 하지만 이스라엘은 작은 이익에 눈이 멀어 하나님의 말씀에 불순종했습니다. 그 결과 이스라엘은 하나님께 벌을 받았습니다. 하나님은 가나안 원주민을 쫓아내지 않으셨습니다. 가나안 원주민은 이스라엘을 고통스럽게 하는 가시 같은 존재가 되었습니다.

여호수아 시대의 이스라엘은 적들을 두렵게 하는 존재였습니다. 가나안 사람들은 이스라엘을 두려워했습니다. 하지만 사사 시대의 이스라엘은 적들이 우습게 여기는 존재였습니다. 가나안 사람들은 이스라엘을 공격하고 약탈했습니다. 이스라엘이 하나님의 말씀대로 살지 않고 우상을 숭배한 결과였습니다.

> 여호와께서 그들을 위하여
> 사사들을 세우실 때에는 그 사사와 함께 하셨고
> 그 사사가 사는 날 동안에는 여호와께서
> 그들을 대적의 손에서 구원하셨으니
> 이는 그들이 대적에게 압박과 괴롭게 함을 받아
> 슬피 부르짖으므로 여호와께서 뜻을 돌이키셨음이거늘
> 그 사사가 죽은 후에는 그들이 돌이켜
> 그들의 조상들보다 더욱 타락하여
> 다른 신들을 따라 섬기며 그들에게 절하고
> 그들의 행위와 패역한 길을 그치지 아니하였으므로 (2:18-17)

하나님은 대적의 손에서 고통받는 이스라엘을 불쌍히 여기셨습니다. 그래서 사사라고 불리는 구원자를 보내셨습니다. 이스라엘은 사사가 다스리던 동안에는 평화를 누렸습니다. 하지만 사사가 죽은 다음에는 다시 우상을 숭배했습니다. 그 결과 다시 대적의 손에 의해 고통받았습니다. 우리도 마찬가지입니다. 우리는 끊임없이 죄를 반복합니다. 힘들 때는 하나님의 도움을 구하다가, 여유가 생기면 다시 하나님을 떠납니다.

묵상

왜 사사 시대의 이스라엘은 대적들의 공격과 약탈을
당했습니까?

대적에게서 고통받는 이스라엘을 위해 하나님께서
보내신 구원자는 누구입니까?

기도

하나님. 사사 시대의 이스라엘은 끊임없이 하나님을 떠났습니
다. 그 결과 하나님의 심판을 받았습니다. 하나님을 떠나지 않
게 해 주세요. 항상 하나님께 순종하는 삶을 살게 해 주세요.
예수님의 이름으로 기도합니다. 아멘.

7주

여호와를 잊어버리고 바알들과 아세라들을 섬긴지라

사사기 3장 | 찬송가 217장. 하나님이 말씀하시기를

이스라엘 자손이 여호와의 목전에 악을 행하여

자기들의 하나님 여호와를 잊어버리고 바알들과 아세라들을 섬긴지라

여호와께서 이스라엘에게 진노하사

그들을 메소보다미아 왕 구산 리사다임의 손에 파셨으므로

이스라엘 자손이 구산 리사다임을 팔 년 동안 섬겼더니 (3:7–8)

이스라엘은 하나님을 잊어버렸습니다. 이스라엘은 하나님을 떠나서 바알과 아세라를 섬겼습니다. 그러자 하나님은 이스라엘이 악한 이방 왕에게서 고통받게 하셨습니다. 아마 이스라엘은 하나님을 버

리고 바알을 숭배하는 것이 더 이익이라고 생각했을 것입니다. 당시 사람들은 바알이 비를 내리는 신이므로, 바알을 숭배하면 농사를 더 잘 지을 수 있다고 믿었기 때문입니다. 하지만 그것은 착각이었습니다. 이스라엘은 바알을 숭배하여 더 잘살기는커녕, 이방 왕에게서 고통을 받았습니다.

이스라엘 자손이 여호와께 부르짖으매
여호와께서 이스라엘 자손을 위하여
한 구원자를 세워 그들을 구원하게 하시니
그는 곧 갈렙의 아우 그나스의 아들 옷니엘이라
여호와의 영이 그에게 임하셨으므로
그가 이스라엘의 사사가 되어 나가서 싸울 때에
여호와께서 메소보다미아 왕 구산 리사다임을
그의 손에 넘겨 주시매 옷니엘의 손이
구산 리사다임을 이기니라 (3:9-10)

이방 왕에게 고통받던 이스라엘은 하나님께 부르짖었습니다. 이방 왕에게서 구원해 달라고 기도했습니다. 하나님은 이스라엘을 불쌍히 여기시고 사사를 보내셨습니다. 하나님께서 보내신 첫 번째 사사는 옷니엘이었습니다. 그는 이스라엘의 첫 번째 사사가 되어 이스라엘을 괴롭히던 이방 왕과 싸웠습니다. 하나님은 옷니엘을 통해 이스라엘을 구원하셨고, 이스라엘은 40년 동안 평화를 누렸습니다. 사사는 예수님의 모형입니다. 사사가 이스라엘을 구원했듯이, 예수님은 우리를 구원하셨습니다. 사사가 이스라엘에 평화를 가져다주었듯이, 예수님은 우리에게 참된 평화를 가져다주셨습니다.

> 이스라엘 자손이 모압 왕 에글론을 열여덟 해 동안 섬기니라
>
> 이스라엘 자손이 여호와께 부르짖으매
>
> 여호와께서 그들을 위하여 한 구원자를 세우셨으니
>
> 그는 곧 베냐민 사람 게라의 아들 왼손잡이 에훗이라 (3:14-15)

옷니엘이 세상을 떠나자, 이스라엘은 또다시 하나님을 배반했습니다. 하나님은 이스라엘이 18년 동안 모압의 지배를 받게 하셨습니다. 그러자 이스라엘은 또다시 하나님께 부르짖었습니다. 하나님은 또다시 사사를 보내셨습니다. 두 번째 사사 에훗을 통해 이스라엘을 구원하셨습니다. 이처럼 하나님은 자기 백성들이 반복해서 죄를 지을지라도, 진심으로 회개하면 언제든지 구원의 손길을 내미시는 분입니다.

왜 이스라엘은 하나님을 떠나서 바알을 숭배했습니까?

이스라엘이 하나님을 버리고 바알을 숭배한 결과는
무엇입니까?

기도

하나님. 이스라엘은 하나님을 떠나서 우상을 숭배한 결과 이
방 왕들에게서 고통을 받았습니다. 현대의 우상은 돈과 성공
입니다. 하나님을 떠나서 돈과 성공 같은 우상을 숭배하지 않
게 해 주세요. 오직 하나님만을 섬기며 사랑하게 해 주세요.
예수님의 이름으로 기도합니다. 아멘.

8주

큰 용사여 여호와께서 너와 함께 계시도다

사사기 6-7장 | 찬송가 218장. 네 맘과 정성을 다하여서

> 이스라엘 자손이 미디안으로 말미암아
> 여호와께 부르짖었으므로
> 여호와께서 이스라엘 자손에게 한 선지자를 보내시니 (6:7-8)

이스라엘은 또다시 하나님을 배반했습니다. 하나님은 이스라엘이 미디안 사람들에게서 괴롭힘을 당하게 하셨습니다. 이스라엘은 또다시 하나님께 부르짖었습니다. 그런데 하나님은 이번에 사사를 보내시지 않고, 선지자를 보내셨습니다. 사사를 통해 이스라엘을 미디안의 손에서 구원하는 것보다 선지자를 통해 이스라엘의 죄를 깨우치는 일이 더 중요했기 때문입니다. 우리도 하나님의 도움을 구하기

전에, 우리가 멀리해야 하는 죄가 무엇인지 깊이 생각해야 합니다.

여호와의 사자가 기드온에게 나타나 이르되

큰 용사여 여호와께서 너와 함께 계시도다 하매 (6:12)

하나님의 사자가 기드온을 찾아갔습니다. 기드온을 이스라엘의 사사로 세우시기 위함입니다. 하나님의 사자는 기드온을 '큰 용사'라고 불렀습니다. 하지만 기드온은 미디안 사람들을 두려워하는 겁쟁이였습니다. 기드온을 큰 용사라고 부른 것은, 실제로 기드온이 대단한 사람이어서가 아닙니다. 하나님이 기드온과 함께하실 것이기 때문입니다. 하나님께서 기드온을 사용하셔서 이스라엘에게 승리를 주실 것이기 때문입니다. 우리도 하나님과 함께할 때, 큰 사람이될 수 있습니다. 하나님 앞에서 거룩하게 살아가는 사람, 하나님의도움을 구하는 사람이 참으로 큰 사람입니다.

여호와께서 기드온에게 이르시되

네 아버지에게 있는 수소 곧 칠 년 된 둘째 수소를 끌어 오고

네 아버지에게 있는 바알의 제단을 헐며

그 곁의 아세라 상을 찍고 또 이 산성 꼭대기에

네 하나님 여호와를 위하여 규례대로 한 제단을 쌓고

그 둘째 수소를 잡아 네가 찍은 아세라

나무로 번제를 드릴지니라 하시니라 (6:25-26)

하나님께서 기드온에게 첫 번째로 명령하신 것은 우상의 제단을 헐라는 것이었습니다. 이스라엘이 우상을 숭배하는 한, 하나님은 이스라엘과 함께하지 않으실 것이기 때문입니다. 이스라엘이 승리하

기 위해서는 하나님이 함께하셔야 했고, 하나님이 함께하시기 위해서는 반드시 우상을 떠나야 했습니다. 우리도 하나님이 함께하시는 사람이 되기 위해서 반드시 우상을 떠나야 합니다. 하나님보다 돈을 더 사랑하거나, 성공을 더 사랑해서는 하나님이 함께하시는 사람이 될 수 없습니다.

> 여호와께서 기드온에게 이르시되
> 너를 따르는 백성이 너무 많은즉
> 내가 그들의 손에 미디안 사람을 넘겨 주지 아니하리니
> 이는 이스라엘이 나를 거슬러 스스로 자랑하기를
> 내 손이 나를 구원하였다 할까 함이니라 (7:2)

기드온을 따르는 사람이 너무 많았습니다. 그래서 하나님은 기드온과 함께하는 용사의 숫자를 300명으로 줄이셨습니다. 그 이유는 이스라엘이 자신들의 힘으로 승리했다고 착각할 수 있었기 때문입니다. 이스라엘은 300명이라는 작은 숫자로 미디안과 싸워서 승리했습니다. 이스라엘의 승리는 전적으로 하나님의 은혜였습니다.

묵상

왜 하나님은 사사가 아니라 선지자를 보내셨습니까?

왜 하나님의 사자는 기드온을 큰 용사라고 불렀습니까?

기도

하나님. 하나님은 기드온이 적은 수의 군대로 승리하게 하셨습니다. 하나님과 함께할 때, 상황과 조건이 열악해도 승리할수 있음을 믿습니다. 하나님이 함께하시는 거룩한 사람이 되게 해 주세요. 어떤 상황 가운데서도 하나님을 믿고 따르는 사람이 되게 해 주세요. 예수님의 이름으로 기도합니다. 아멘.

삼손이 소렉 골짜기의
들릴라라 이름하는 여인을 사랑하매

사사기 13~16장 | 찬송가 257장. 마음에 가득한 의심을 깨치고

이스라엘 자손이 다시 여호와의 목전에 악을 행하였으므로

여호와께서 그들을 사십 년 동안

블레셋 사람의 손에 넘겨 주시니라 (13:1)

하나님은 이스라엘에게 은혜를 베푸셨지만, 이스라엘은 항상 하나님의 은혜를 잊어버렸습니다. 그 결과 이스라엘은 무려 40년이나 블레셋의 지배를 받게 됩니다. 지금까지 이방 민족의 지배를 받은 것중에 가장 긴 시간입니다. 이스라엘의 부패가 최고였던 만큼 하나님의 진노하심도 최고였습니다.

> 포도나무의 소산을 먹지 말며
>
> 포도주와 독주를 마시지 말며
>
> 어떤 부정한 것도 먹지 말고
>
> 내가 그에게 명령한 것은
>
> 다 지킬 것이니라 하니라 (13:14)

하나님은 삼손에게 큰 재능을 주셨습니다. 여지껏 삼손만큼 큰 재능을 가진 사사는 없었습니다. 그만큼 삼손에게는 큰 책임이 뒤따랐습니다. 삼손은 포도주를 먹지 말아야 했습니다. 삼손은 일반적인 사람들보다 더 거룩하게 살아야 했습니다.

> 이 후에 삼손이 소렉 골짜기의 들릴라라
>
> 이름하는 여인을 사랑하매 (16:4)

하나님은 마지막 사사인 삼손에게 큰 재능을 주셨습니다. 누구와도 싸워서 이길 수 있는 큰 힘을 주셨습니다. 하지만 삼손은 하나님의 영광을 위해 재능을 사용하지 않았습니다. 하나님께서 주신 재능을, 자신의 욕망을 이루는 데 사용했습니다. 급기야 삼손은 이방 여인을 사랑하기 시작했습니다. 이것은 삼손이 하나님을 떠났다는 증거였습니다.

> 들릴라가 삼손에게 자기 무릎을 베고 자게 하고
>
> 사람을 불러 그의 머리털 일곱 가닥을 밀고 괴롭게 하여 본즉
>
> 그의 힘이 없어졌더라 (16:19)

블레셋 사람들은 삼손의 머리털을 잘랐습니다. 그러자 삼손의 힘이 사라졌습니다. 근본적인 이유는 삼손이 하나님을 떠났기 때문입니

다. 삼손이 하나님을 떠났기에, 하나님도 삼손에게 주셨던 힘을 가져가셨습니다. 우리가 가진 물질과 재능은 하나님께서 주신 것입니다. 따라서 우리는 물질과 재능을 하나님을 위해서 사용해야 합니다. 만약 우리의 욕망을 해소하는 일에만 물질과 재능을 사용한다면, 삼손처럼 하나님의 심판이 임할 것입니다.

> 삼손이 여호와께 부르짖어 이르되
> 주 여호와여 구하옵나니 나를 생각하옵소서
> 하나님이여 구하옵나니 이번만 나를 강하게 하사
> 나의 두 눈을 뺀 블레셋 사람에게 원수를 단번에 갚게 하옵소서 하고 (16:28)

삼손은 블레셋 사람들의 포로가 되었습니다. 블레셋 사람들은 삼손의 두 눈을 멀게 만들었습니다. 삼손은 큰 고통 속에서 자신의 죄를 깨달았습니다. 그리고 마지막으로 하나님께 기도했습니다. 하나님은 삼손의 기도를 들어주셨습니다. 삼손은 블레셋 사람들의 신전을 무너뜨렸습니다. 그리고 수많은 블레셋 사람들을 죽였습니다. 그 결과 이스라엘은 20년 동안 평화를 누렸습니다.

삼손에게는 어떤 책임이 뒤따랐습니까?

삼손은 하나님께서 주신 재능을 어떻게 사용했습니까?

삼손의 힘이 사라진 이유는 무엇입니까?

기도

하나님. 삼손은 하나님께서 주신 재능을 헛된 일에 사용하여 하나님께 심판을 받았습니다. 하나님께서 주신 것들을 늘 소중히 여기고 감사하게 해 주세요. 하나님께서 주신 물질과 재능을 나의 영광이 아니라, 하나님의 영광을 위해 사용하게 해 주세요. 예수님의 이름으로 기도합니다. 아멘.

일주일에 한 번,
온 가족 말씀 동행 프로젝트

룻기

어머니의 하나님이
나의 하나님이 되시리니

룻기 1-2장 | 찬송가 258장 샘물과 같은 보혈은

사사들이 치리하던 때에 그 땅에 흉년이 드니라
유다 베들레헴에 한 사람이 그의 아내와 두 아들을 데리고
모압 지방에 가서 거류하였는데 (1:1)

나오미는 사사 시대의 사람입니다. 사사 시대는 이스라엘 역사상 가장 타락한 시대입니다. 따라서 사사 시대에 흉년이 찾아왔다는 것은 하나님의 심판이 임했다는 뜻입니다. 그렇다면 나오미가 해야 할 일은 회개입니다. 나오미와 그녀의 가족들은 하나님께 죄를 자백해야 했습니다. 하지만 그들은 그렇게 하지 않았습니다. 대신 약속의 땅

을 떠나 모압 지방으로 갔습니다. 우리도 나오미처럼 행동할 때가 많습니다. 죄를 자백하는 대신 숨기려 하고, 죄에서 떠나는 대신 하나님을 떠날 때가 많습니다. 그것은 결코 좋은 결과를 가져오지 않습니다.

> 나오미의 남편 엘리멜렉이 죽고 나오미와 그의 두 아들이 남았으며
> 그들은 모압 여자 중에서 그들의 아내를 맞이하였는데
> 하나의 이름은 오르바요 하나의 이름은 룻이더라
> 그들이 거기에 거주한 지 십 년쯤에 말론과 기룐 두 사람이 다 죽고
> 그 여인은 두 아들과 남편의 뒤에 남았더라 (1:3-5)

나오미의 가정은 죄에서 떠나는 대신 하나님을 떠났습니다. 그 결과는 비참했습니다. 하나님은 나오미의 가정을 심판하셨습니다. 결국 나오미의 가정에는 나오미와 며느리 두 사람만 남게 되었습니다. 죄를 그냥 두는 것처럼 위험한 일은 없습니다. 죄는 반드시 하나님의 심판을 불러옵니다.

> 룻이 이르되 내게 어머니를 떠나며
> 어머니를 따르지 말고 돌아가라 강권하지 마옵소서
> 어머니께서 가시는 곳에 나도 가고
> 어머니께서 머무시는 곳에서 나도 머물겠나이다
> 어머니의 백성이 나의 백성이 되고
> 어머니의 하나님이 나의 하나님이 되시리니 (1:16)

나오미에게는 두 며느리가 있었습니다. 한 사람은 '오르바', 다른 한 사람은 '룻'이었습니다. 오르바는 모압에 남았지만, 룻은 시어머니

를 따라 이스라엘로 향했습니다. 그 이유는 룻이 하나님을 믿게 되었기 때문입니다. 모압에서 우상 숭배하는 삶을 살기보다는, 이스라엘에서 하나님의 백성으로 살기를 원했기 때문입니다.

> 룻이 가서 베는 자를 따라 밭에서 이삭을 줍는데
> 우연히 엘리멜렉의 친족 보아스에게 속한 밭에 이르렀더라 (2:3)

룻은 나오미를 돌보기 위해 밭으로 갔습니다. 이 밭은 나오미의 밭이 아니라 다른 사람의 밭이었습니다. 율법에 따르면 가난한 사람들은 다른 사람의 밭이라도 땅에 떨어진 이삭은 주울 수 있었습니다. 가난한 자들의 생명을 보존하기 위한 최소한의 배려였습니다. 그런데 룻이 이삭을 주운 밭의 주인은 보아스였습니다. 보아스는 나오미의 친척 중 한 사람이었습니다. 율법에 따르면 보아스는 나오미의 가정을 돌보아 주어야 했고, 보아스가 나오미의 가정을 돌보는 최고의 방법은 룻과 결혼하는 것이었습니다. 하지만 보아스가 룻과 결혼하게 되면, 보아스는 경제적으로 큰 손실을 입을 수 있었습니다. 과연 보아스는 율법에 순종하기 위해 경제적인 손실을 감수할까요?

묵상

사사 시대에 흉년이 임했다는 사실은 무엇을 의미합니까?

나오미의 가정은 죄에서 떠나는 대신 누구를 떠났습니까?

왜 룻은 나오미를 따라서 이스라엘로 왔습니까?

기도

하나님. 룻은 하나님의 백성으로 살기 위해 고향을 떠나는 손
해를 감수했습니다. 저희도 하나님의 백성으로 살기 위해 어
떤 손해도 감수하게 해 주세요. 하나님의 백성다운 선택을 하
며 살게 해 주세요. 예수님의 이름으로 기도합니다. 아멘.

당신이 기업을 무를 자가 됩이니이다

롯기 3-4장 | 찬송가 259장. 예수 십자가에 흘린 피로써

> 이르되 네가 누구냐 하니 대답하되
> 나는 당신의 여종 룻이오니
> 당신의 옷자락을 펴 당신의 여종을 덮으소서
> 이는 당신이 기업을 무를 자가 됩이니이다 하니 (3:9)

룻은 보아스를 찾아갔습니다. 그리고 "기업 무를 자"가 되어 달라고 부탁했습니다. 롯과 결혼하여 나오미의 가문을 회복시켜 달라는 뜻입니다. 만약 보아스와 룻이 결혼하여 아들을 낳게 된다면, 그 아들은 나오미 가문의 대를 이어 가게 될 것입니다.

> 참으로 나는 기업을 무를 자이나
> 기업 무를 자로서 나보다
> 더 가까운 사람이 있으니 (3:12)

룻이 보아스에게 결혼해 달라고 했을 때, 보아스의 기분은 매우 좋았을 것입니다. 보아스의 나이는 적지 않았던 반면, 룻은 젊은 여성이었기 때문입니다. 하지만 보아스는 룻의 청혼을 곧바로 받아들이지 않았습니다. 율법에 따르면 가장 가까운 친척이 "기업 무를 자"가 되어야 했기 때문입니다. 보아스는 하나님의 말씀을 무엇보다 중요하게 여겼습니다.

> 그 기업 무를 자가 이르되
> 나는 내 기업에 손해가 있을까 하여
> 나를 위하여 무르지 못하노니
> 내가 무를 것을 네가 무르라
> 나는 무르지 못하겠노라 하는지라 (4:6)

보아스는 자신보다 더 가까운 친척에게 룻과 결혼하라고 말했습니다. 하지만 그자는 기업 무를 자의 권리를 포기했습니다. 기업 무를 자가 되면, 자신의 재산을 나오미와 나누어야 했기 때문입니다. 그자는 하나님의 말씀보다 자신의 재산을 더 중요하게 생각했습니다.

> 이에 보아스가 룻을 맞이하여 아내로 삼고 그에게 들어갔더니
> 여호와께서 그에게 임신하게 하시므로 그가 아들을 낳은지라 (4:13)

보아스와 룻은 결혼했고, 아들을 낳았습니다. 이제 이 아이는 나오미의 아들이 될 것입니다. 그리고 보아스는 자신의 재산 중 일부를

나오미의 아들에게 상속해 주어야 할 것입니다. 이처럼 보아스는 많은 손해를 감수하고 기업 무를 자가 되었습니다. 하지만 보아스가 자신을 희생한 것 때문에 나오미의 삶은 회복되었습니다. 보아스가 자신을 희생한 것 때문에 나오미의 가문은 명맥을 이어 갈 수 있었습니다. 바로 이것이 사사 시대에 임한 언약의 저주를 극복하는 방법입니다. 하나님의 말씀에 순종하기 위해 자신을 희생하는 사람이 있을 때, 하나님의 나라가 회복되고 주님의 교회가 부흥합니다.

> 살몬은 보아스를 낳았고 보아스는 오벳을 낳았고
> 오벳은 이새를 낳고 이새는 다윗을 낳았더라 (4:21-22)

보아스는 오벳을 낳았고, 오벳은 이새를 낳았으며, 이새는 다윗을 낳았습니다. 그리고 다윗은 예수님의 조상이 되었습니다. 어두운 사사 시대에도 하나님은 우리의 구원을 위해서 일하셨습니다. 희망이 보이지 않던 사사 시대에도 하나님은 보이지 않는 곳에서 은밀히 역사하고 계셨습니다. 이처럼 구원은 하나님의 사역입니다. 우리의 구원은 하나님께서 우리를 위해 은밀히 일하신 결과입니다. 앞으로도 하나님은 우리의 구원을 위해 쉬지 않고 일하실 것입니다.

묵상

기업 무를 자는 룻과 나오미를 위해 무엇을 해야 합니까?

왜 보아스는 룻과 결혼할 자격을 다른 사람에게
양보했습니까?

사사 시대에 임한 언약의 저주를 해결하는 방법은
무엇입니까?

기도

하나님. 보아스는 하나님의 말씀에 순종하기 위해 자신을 희
생했습니다. 저희도 보아스처럼 자신을 희생하여 다른 사람을
살리는 삶을 살게 해 주세요. 하나님의 말씀을 무엇보다 중요
하게 여기는 삶을 살게 해 주세요. 예수님의 이름으로 기도합
니다. 아멘.

일주일에 한 번,
온 가족 말씀 동행 프로젝트

사무엘상·하

12주

한나가 마음이 괴로워서
여호와께 기도하고

사무엘상 1장 | 찬송가 260장. 우리를 죄에서 구하시려

> 그에게 두 아내가 있었으니
> 한 사람의 이름은 한나요 한 사람의 이름은 브닌나라
> 브닌나에게는 자식이 있고 한나에게는 자식이 없었더라 (1:2)

사사 시대에 한나라고 하는 여인이 있었습니다. 한나에게는 자식이 없었습니다. 자녀가 없는 한나의 모습은 소망이 없는 이스라엘의 모습을 반영하고 있습니다. 만약 한나의 삶이 회복될 수 있다면, 그것은 이스라엘도 회복될 수 있다는 것을 의미합니다. 과연 한나는 자녀를 가질 수 있을까요? 한나의 삶이 회복될 수 있다면, 그것은 어

떻게 가능할까요?

한나가 마음이 괴로워서
여호와께 기도하고 통곡하며 서원하여 이르되
만군의 여호와여 만일 주의 여종의 고통을 돌보시고
나를 기억하사 주의 여종을 잊지 아니하시고
주의 여종에게 아들을 주시면 내가 그의 평생에 그를 여호와께 드리고
삭도를 그의 머리에 대지 아니하겠나이다 (1:10-11)

한나는 마음이 괴로웠습니다. 단지 아들이 없기 때문이 아니었습니다. 한나는 하나님께 충성된 사람이 없다는 사실 때문에 괴로웠습니다. 그래서 한나는 아들을 달라고만 기도하지 않았습니다. 아들을 주시면, 그 아들을 하나님께 드리겠다고 기도했습니다. 한나는 문제를 해결하기 위해 하나님께 기도했습니다. 바로 이것이 이스라엘이 회복되는 방법입니다. 이스라엘이 사사 시대의 어둠에서 벗어나려면, 하나님께 나아가 기도해야 했습니다.

그가 여호와 앞에 오래 기도하는 동안에 엘리가 그의 입을 주목한즉
한나가 속으로 말하매 입술만 움직이고 음성은 들리지 아니하므로
엘리는 그가 취한 줄로 생각한지라 (1:12-13)

한나 시대의 사사는 엘리였습니다. 엘리는 한나가 기도하는 모습을 지켜보았습니다. 그는 한나가 기도하는 것이 아니라 술에 취했다고 생각했습니다. 한나의 슬픔을 깨닫지 못할 만큼 영적인 분별력을 잃어버렸던 것입니다. 심지어 엘리의 두 아들은 하나님을 믿지 않는 악인이었습니다(2:12). 바로 이것이 사사 시대의 현실이었습니다. 영

12주   사무엘상 · 하 65

적인 지도자마저 타락한 시대가 사사 시대였습니다. 하지만 이제 기도하는 여인 한나를 통해 새로운 시대가 시작될 것입니다.

> 한나가 임신하고 때가 이르매
> 아들을 낳아 사무엘이라 이름하였으니
> 이는 내가 여호와께 그를 구하였다 함이더라 (1:20)

하나님은 한나의 기도에 응답하셨습니다. 한나에게 사무엘이라고 하는 아들을 주셨습니다. 한나가 소망했던 대로 사무엘은 하나님께 충성된 사람이었습니다. 사무엘을 통해 이스라엘은 영적인 부흥기를 맞이합니다. 뿐만 아니라 오랜 기간 계속되었던 블레셋의 압제에서도 벗어나게 됩니다. 이스라엘의 전성기는 대단한 용사가 아니라, 한나라고 하는 연약한 여인의 기도로부터 시작되었습니다.

이스라엘이 회복되는 방법은 무엇이었습니까?

이스라엘의 전성기는 누구를 통해 시작되었습니까?

기도

하나님. 하나님은 한나라고 하는 연약한 여인을 통해 이스라엘을 새롭게 하셨습니다. 그리고 하나님의 계획을 이루어 가셨습니다. 연약한 저희를 통해 이 시대의 교회를 새롭게 해 주세요. 부족한 저희를 사용해 주세요. 예수님의 이름으로 기도합니다. 아멘.

13주

온 이스라엘이 사무엘은 여호와의 선지자로 세우심을 입은 줄을 알았더라

사무엘상 3장 | 찬송가 261장. 이 세상의 모든 죄를

아이 사무엘이 엘리 앞에서
여호와를 섬길 때에는 여호와의 말씀이 희귀하여
이상이 흔히 보이지 않았더라 (3:1)

사사 시대의 이스라엘은 반복해서 하나님을 배신했습니다. 하나님을 떠나서 우상을 숭배했습니다. 그 결과 이스라엘은 하나님의 심판을 받았습니다. 하나님께서 이스라엘에 내리신 심판은 말씀이 희귀하게 되는 것이었습니다. 말씀을 통해서 주시는 은혜가 사라지는 것

이었습니다. 만약 우리가 하나님의 말씀을 멀리하고 있다면, 말씀을 통해서 받는 은혜가 없다면, 바로 그것이 하나님의 심판입니다.

> 여호와께서 임하여 서서 전과 같이
> 사무엘아 사무엘아 부르시는지라
> 사무엘이 이르되 말씀하옵소서
> 주의 종이 듣겠나이다 하니 (3:10)

말씀의 은혜가 사라진 사사 시대에 희망의 빛이 비취기 시작했습니다. 드디어 하나님께서 말씀하기 시작한 것입니다. 하나님은 사무엘에게 말씀하셨고, 사무엘은 하나님의 말씀을 들었습니다. 이제 사사 시대의 어둠은 사라지고 영광의 시대가 시작될 것입니다. 말씀을 듣는 것으로부터 이스라엘의 영광이 시작되었듯이, 우리의 삶이 영광스럽게 되기를 원한다면 반드시 하나님의 말씀을 묵상해야 합니다.

> 내가 그의 집을 영원토록 심판하겠다고
> 그에게 말한 것은 그가 아는 죄악 때문이니
> 이는 그가 자기의 아들들이 저주를 자청하되
> 금하지 아니하였음이니라 (3:13)

하나님이 사무엘에게 처음으로 말씀하신 것은 '엘리 집안의 심판'이었습니다. 엘리는 사사로서 누구보다 영적인 모범이 되어야 했습니다. 엘리는 자신의 자녀들을 거룩한 사람으로 양육해야 했습니다. 하지만 엘리는 자녀들의 죄악에 침묵했습니다. 자녀들이 악을 행하는 것을 내버려 두었습니다. 그 결과 엘리의 가정은 하나님의 저주를 받고 말았습니다.

단에서부터 브엘세바까지의 온 이스라엘이
사무엘은 여호와의 선지자로
세우심을 입은 줄을 알았더라 (3:20)

하나님은 사무엘을 선지자로 세우셨습니다. 사무엘은 마지막 사사
인 동시에, 왕정 시대의 첫 번째 선지자였습니다. 이제 사무엘을 통
해 사사 시대가 끝나고, 왕이 다스리는 왕정 시대가 시작될 것입니
다. 사무엘은 다윗을 왕으로 세울 것이고, 다윗을 통해 영광스러운
시대가 시작될 것입니다. 하지만 우리는 잊지 말아야 합니다. 사무
엘을 통해 다윗이 세워졌듯이, 한나의 기도를 통해 사무엘이 세워졌
습니다. 새 시대가 시작될 수 있었던 것은 보이지 않는 곳에서 한나
가 기도했기 때문입니다.

묵상

하나님은 사사 시대의 이스라엘에게 어떤 심판을
내리셨습니까?

이스라엘에 희망의 빛이 비취기 시작했다는 증거는
무엇입니까?

기도

말씀으로 은혜를 베푸시는 하나님. 저희가 하나님의 말씀을
가까이 하게 해 주세요. 하나님의 말씀을 통해 날마다 은혜를
받게 해 주세요. 예수님의 이름으로 기도합니다. 아멘.

14주

나를 버려 자기들의 왕이
되지 못하게 함이니라

사무엘상 8–15장 | 찬송가 265장. 주 십자를 지심으로

이스라엘 모든 장로가 모여
라마에 있는 사무엘에게 나아가서 …
모든 나라와 같이 우리에게 왕을 세워
우리를 다스리게 하소서 한지라 (8:4-5)

이스라엘의 장로들이 사무엘을 찾아왔습니다. 장로들은 사무엘에게 왕을 세워 달라고 요구했습니다. 왕을 요구하는 일은 문제가 아닙니다. 문제는 왕을 요구하는 목적입니다. 장로들은 세상 나라와 똑같은 왕을 요구했습니다. 장로들은 이스라엘이 세상 나라와 똑같

아지기를 원했습니다.

> 여호와께서 사무엘에게 이르시되
> 백성이 네게 한 말을 다 들으라
> 이는 그들이 너를 버림이 아니요
> 나를 버려 자기들의 왕이 되지 못하게 함이니라 (8:7)

하나님은 장로들의 목적을 아셨습니다. 장로들이 왕을 요구하는 목적이 하나님을 배신하기 위한 것임을 아셨습니다. 그럼에도 불구하고 하나님은 장로들의 요구를 들어주셨습니다. 장로들의 요구가 올바르기 때문이 아니라, 얼마나 어리석은 요구인지를 직접 깨닫게 하시기 위함이었습니다.

> 기스에게 아들이 있으니
> 그의 이름은 사울이요 준수한 소년이라
> 이스라엘 자손 중에 그보다 더 준수한 자가 없고
> 키는 모든 백성보다 어깨 위만큼 더 컸더라 (9:2)

하나님께서 이스라엘에게 주신 첫 번째 왕은 사울이었습니다. 사울은 이스라엘에서 가장 체격이 좋은 사람이었습니다. 물론 싸움도 잘했습니다(11:11). 그야말로 사울은 장로들의 요구 사항에 딱 들어맞는 사람이었습니다. 하지만 사울은 영적인 문제에는 전혀 관심이 없는 사람이었습니다. 심지어 사울은 사무엘이 누군지도 모를 정도로 신앙이 없는 사람이었습니다(9:6).

> 사무엘이 사울에게 이르되 왕이 망령되이 행하였도다
> 왕이 왕의 하나님 여호와께서
> 왕에게 내리신 명령을 지키지 아니하였도다
> 그리하였더라면 여호와께서 이스라엘 위에
> 왕의 나라를 영원히 세우셨을 것이거늘 (13:13)

하나님은 사울에게 사무엘을 기다리라고 하셨습니다. 사무엘이 도착한 후에 번제를 드리라고 하셨습니다. 하지만 사울은 사무엘을 기다리지 않았습니다. 하나님의 명령을 지키지 않은 것입니다. 사울은 싸움은 잘하지만, 믿음은 없는 사람이었습니다. 과연 이런 사울이 이스라엘에 평화를 가져다줄 수 있을까요?

> 사무엘이 이르되 여호와께서 번제와 다른 제사를
> 그의 목소리를 청종하는 것을 좋아하심 같이 좋아하시겠나이까
> 순종이 제사보다 낫고 듣는 것이 숫양의 기름보다 나으니 (15:22)

사울은 결과 중심적인 사람이었습니다. 사울은 좋은 결과를 위해서라면, 하나님의 말씀을 어기는 일도 서슴지 않았습니다. 하지만 결과보다 중요한 것은 순종입니다. 하나님의 말씀에 순종하는 일보다 중요한 것은 없습니다.

장로들이 왕을 요구한 목적은 무엇입니까?

하나님께서 세우신 첫 번째 왕은 어떤 사람입니까?

하나님. 하나님은 온 세상의 왕이십니다. 하나님은 온 세상에서 가장 높으십니다. 하나님이 저희의 왕이심을 잊지 않게 해 주세요. 왕이신 하나님의 명령에 순종하며 살게 해 주세요. 예수님의 이름으로 기도합니다. 아멘.

15주

나 여호와는 중심을 보느니라

사무엘상 16-17장 | 찬송가 268장. 죄에서 자유를 얻게 함은

> 여호와께서 사무엘에게 이르시되
> 그의 용모와 키를 보지 말라 내가 이미 그를 버렸노라
> 내가 보는 것은 사람과 같지 아니하니
> 사람은 외모를 보거니와
> 나 여호와는 중심을 보느니라 하시더라 (16:7)

하나님은 사무엘을 이새의 집으로 보내셨습니다. 이새의 아들 중에서 새로운 왕을 세우기 위해서였습니다. 사무엘은 이새의 아들 엘리압을 보았습니다. 사무엘은 엘리압이 왕이 될 만한 사람이라고 생각했습니다. 체격이 좋았기 때문입니다. 하지만 하나님은 사무엘에게

외모를 보지 말라고 하셨습니다. 대신 마음을 보라고 하셨습니다. 신앙과 성품을 보라고 하셨습니다. 사람은 외모를 중시하지만, 하나님은 우리의 신앙과 성품을 보십니다.

> 사무엘이 기름 뿔병을 가져다가
> 그의 형제 중에서 그에게 부었더니
> 이 날 이후로 다윗이 여호와의 영에게 크게 감동되니라
> 사무엘이 떠나서 라마로 가니라 (16:13)

하나님은 다윗을 왕으로 선택하시고, 다윗을 성령으로 충만하게 하셨습니다. 하나님께서 다윗을 성령으로 충만하게 하신 이유는 다윗의 믿음과 신앙을 자라게 하시기 위함입니다. 하나님의 일꾼이 되기 위해서는 키나 외모보다 믿음과 신앙이 더 중요하기 때문입니다. 공부도 중요하고 운동도 중요합니다. 하지만 그것보다 신앙과 성품이 자라는 것이 더 중요합니다.

> 다윗이 블레셋 사람에게 이르되
> 너는 칼과 창과 단창으로 내게 나아 오거니와
> 나는 만군의 여호와의 이름 곧 네가 모욕하는
> 이스라엘 군대의 하나님의 이름으로 네게 나아가노라 (17:45)

이스라엘과 블레셋 사이에 전쟁이 벌어졌습니다. 블레셋에는 골리앗이라고 하는 유명한 장군이 있었습니다. 이스라엘은 골리앗이 두려워서 한 발짝도 앞으로 나가지 못하고 있었습니다. 이 모습을 다윗이 보았습니다. 다윗은 이스라엘의 믿음 없는 모습이 안타까웠습니다. 다윗은 어린 나이에도 불구하고 골리앗과 싸우겠다고 나섰습

니다. 골리앗이 하나님을 저주하는 모습을 그냥 지켜만 보고 있을 수 없었기 때문입니다. 다윗은 하나님의 영광을 위해서 싸울 때, 하나님께서 승리를 주신다는 믿음이 있었습니다. 실로 다윗은 믿음의 사람이었습니다.

> 이스라엘과 유다 사람들이 일어나서 소리 지르며
> 블레셋 사람들을 쫓아 가이와 에그론 성문까지 이르렀고
> 블레셋 사람들의 부상자들은 사아라임 가는 길에서부터
> 가드와 에그론까지 엎드러졌더라 (17:52)

하나님은 다윗을 통해 이스라엘에게 승리를 주셨습니다. 하나님이 세우신 왕 다윗은, 블레셋으로부터 이스라엘을 해방시켰습니다. 다윗은 예수님의 예고편입니다. 하나님께서 다윗을 왕으로 세우신 것처럼, 하나님은 예수님을 왕으로 세우셨습니다. 다윗이 전쟁에서 승리한 것처럼, 예수님은 죄와의 싸움에서 승리하셨습니다. 다윗이 블레셋에서 이스라엘을 해방시킨 것처럼, 예수님은 죽음에서 우리를 해방시켜 주셨습니다.

묵상

왜 사무엘은 엘리압이 왕이 될 만한 사람이라고
생각했습니까?

하나님께서 원하시는 왕의 기준은 무엇입니까?

기도

하나님. 사무엘은 외모를 중시했습니다. 하지만 하나님은 외
모보다 성품과 신앙을 더 중요하게 보셨습니다. 저희가 외모
를 아름답게 하기보다 마음을 거룩하게 가꾸게 해 주세요. 저
희의 성품과 신앙이 날마다 자라게 해 주세요. 예수님의 이름
으로 기도합니다. 아멘.

16주

그의 모든 사람이 다
그 날에 함께 죽었더라

사무엘상 31장 | 찬송가 279장. 인애하신 구세주여

> 블레셋 사람들이 이스라엘을 치매
> 이스라엘 사람들이 블레셋 사람들 앞에서 도망하여
> 길보아 산에서 엎드러져 죽으니라 (31:1)

하나님을 버리고 사울을 선택한 이스라엘은 하나님을 배신한 대가를 톡톡히 치르게 됩니다. 하나님은 블레셋을 통해 이스라엘을 심판하십니다. 많은 사람이 블레셋 군대에 의해 생명을 잃었습니다. 하나님과 같은 분은 없습니다. 하나님처럼 우리를 안전하게 보호해 주시는 분은 없습니다. 다른 무언가를 하나님보다 중요하게 여기는 사

람들은 이스라엘처럼 비참한 결말을 맞이하게 될 것입니다.

사울은 하나님의 영광보다 자신의 영광을 더 중요하게 생각했습니다. 하나님의 말씀보다 자기 생각을 더 중요하게 생각했습니다. 결국 사울은 하나님의 심판을 받았습니다. 블레셋이 이스라엘을 공격하던 날, 사울도 블레셋 사람들의 손에 목숨을 잃었습니다. 사울처럼 계속해서 불순종하면, 하나님의 무서운 심판이 임한다는 사실을 잊지 말아야 합니다.

블레셋 사람들은 죽은 사울의 머리를 자르고 그의 갑옷을 벗겼습니다. 사울은 죽은 후에도 수치와 모욕을 당했는데, 하나님께 불순종하고 다윗을 괴롭힌 대가를 이런 식으로 치른 것입니다. 사울의 비참한 최후는 사울 스스로 자초한 일이었습니다.

> 길르앗 야베스 주민들이
> 블레셋 사람들이 사울에게 행한 일을 듣고
> 모든 장사들이 일어나 밤새도록 달려가서
> 사울의 시체와 그의 아들들의 시체를
> 벧산 성벽에서 내려 가지고
> 야베스에 돌아가서 거기서 불사르고
> 그의 뼈를 가져다가 야베스 에셀 나무 아래에 장사하고
> 칠 일 동안 금식하였더라 (31:11-13)

과거에 야베스 사람들은 사울의 도움을 받았습니다. 야베스가 암몬과 싸워서 이기는 데 사울이 크게 기여했습니다. 야베스 사람들은 그 일을 잊지 않았습니다. 야베스 사람들은 사울에게 받은 은혜를 갚으려고 블레셋 땅으로 갔습니다. 블레셋 사람들 몰래 사울의 시체를 가져다가 이스라엘 땅에 묻어 주었습니다. 야베스 사람들은 은혜를 잊지 않는 사람들이었습니다.

묵상

이스라엘이 블레셋에 패배한 이유는 무엇입니까?

왜 야베스 사람들은 사울을 이스라엘 땅에 묻어 주는
호의를 베풀었습니까?

기도

하나님. 하나님은 불순종한 사울과 이스라엘을 심판하셨습니
다. 하나님이 죄를 얼마나 미워하는지 알려 주셨습니다. 저희
도 죄를 멀리 하고, 늘 하나님 앞에서 두렵고 떨리는 마음으로
살아가게 해 주세요. 예수님의 이름으로 기도합니다. 아멘.

17주

다윗에게 기름을 부어 유다 족속의 왕으로 삼았더라

사무엘하 2장 | 찬송가 284장. 오랫동안 모든 죄 가운데 빠져

> 그 후에 다윗이 여호와께 여쭈어 아뢰되
>
> 내가 유다 한 성읍으로 올라가리이까
>
> 여호와께서 이르시되 올라가라
>
> 다윗이 아뢰되 어디로 가리이까 이르시되
>
> 헤브론으로 갈지니라 (2:1)

사울이 죽었습니다. 이제 다윗은 명실상부(名實相符)한 이스라엘의 왕입니다. 자고로 왕이라면 무슨 일이든 자기 뜻대로 하기 마련입니다. 다윗도 이제 왕이 되었으니 무엇이든 자기 뜻대로 할 수 있었습

니다. 그런데 다윗은 그렇게 하지 않았습니다. 대신 다윗은 어떻게 해야 하는지를 하나님께 물었습니다. 하나님이 이스라엘의 진짜 왕이라는 사실을 알았기 때문입니다. 다윗은 하나님을 대신하여 이스라엘을 다스리는 대리 통치자에 불과하다는 사실을 알았습니다.

> 유다 사람들이 와서 거기서 다윗에게 기름을 부어
> 유다 족속의 왕으로 삼았더라 (2:4)

오래전에 사무엘은 다윗에게 기름을 부었습니다. 기름을 붓는 것은 다윗을 왕으로 세우는 의식이었습니다. 하지만 오랫동안 다윗은 왕이라기보다는 도망자에 가까웠습니다. 사울이 다윗을 죽이려고 했기 때문입니다. 그렇게 오랜 시간이 지났습니다. 사울은 죽었고, 다윗은 왕이 되었습니다. 이처럼 하나님의 뜻은 반드시 이루어집니다. 오랜 시간이 걸릴지라도 하나님의 계획은 변하지 않습니다.

> 사울의 군사령관 넬의 아들 아브넬이
> 이미 사울의 아들 이스보셋을 데리고
> 마하나임으로 건너가 길르앗과 아술과
> 이스르엘과 에브라임과 베냐민과
> 온 이스라엘의 왕으로 삼았더라 (2:8-9)

오래전에 하나님은 다윗에게 기름을 부으셨습니다. 하나님의 뜻은 다윗이 사울을 이어서 왕이 되는 것이었습니다. 하지만 사울의 군사령관이었던 아브넬은 다윗이 아니라 이스보셋을 왕으로 세웠습니다. 아브넬은 이렇게 하는 것이 자신에게 훨씬 유리하다고 생각했던 것 같습니다. 아브넬은 하나님의 뜻보다 자신의 이익을 더 중요하게 생각하는 사람이었습니다. 아브넬의 욕심 때문에 이스라엘은 한동안 다윗을 따르는 남쪽과 이스보셋을 따르는 북쪽으로 나누어졌습니다.

아브넬은 자신의 이익을 위해서 다윗이 아니라 이스보셋을 왕으로 세웠습니다. 그래서 남쪽 지방은 다윗이 다스렸지만, 북쪽 지방은 사울의 아들 이스보셋이 다스렸습니다. 하지만 아브넬의 권세가 영원할 수는 없었습니다. 하나님은 다윗의 군대로 아브넬의 군대를 치셨습니다. 그리하여 다윗의 나라는 점점 강해졌고, 이스보셋의 나라는 점점 약해졌습니다.

묵상

왜 다윗은 자기 마음대로 하지 않고 하나님께
물어보았습니까?

왜 아브넬은 다윗이 아니라 이스보셋을 왕으로 세웠습니까?

기도

하나님. 아브넬은 자신의 이익을 위해 하나님의 뜻을 어겼지
만, 저희는 하나님의 뜻대로 살기를 원합니다. 저희의 이익보
다 하나님의 뜻을 더욱 소중히 여기며 살게 해 주세요. 하나님
의 뜻을 위해서라면, 저희의 이익을 포기하게 해 주세요. 예수
님의 이름으로 기도합니다. 아멘.

다윗이 여호와의 명령대로 행하여

사무엘하 5장 | 찬송가 288장. 예수를 나의 구주 삼고

> 이스라엘 모든 지파가 헤브론에 이르러 다윗에게 나아와 이르되 보소서
> 우리는 왕의 한 골육이니이다
> 전에 곧 사울이 우리의 왕이 되었을 때에도
> 이스라엘을 거느려 출입하게 하신 분은 왕이시었고
> 여호와께서도 왕에게 말씀하시기를
> 네가 내 백성 이스라엘의 목자가 되며
> 네가 이스라엘의 주권자가 되리라 하셨나이다 하니라 (5:1-2)

하나님은 다윗이 이스라엘의 왕이 되기를 원하셨습니다. 하지만 아브넬은 자신의 이익을 위해 이스보셋을 이스라엘의 왕으로 세웠습니다. 이제 7년이 지났고, 아브넬과 이스보셋은 죽었습니다. 이스라

88 성경을 따라가는 52주 가정예배 2

역사서

엘 모든 지파는 다윗을 찾아왔습니다. 다윗을 왕으로 세우기 위함이었습니다. 결국 다윗은 남쪽과 북쪽을 모두 다스리게 되었습니다. 이처럼 하나님의 계획은 반드시 이루어집니다. 따라서 가장 안전한 삶은 하나님의 뜻대로 사는 것입니다. 하나님의 뜻에 순종하기 위해 자신의 이익을 포기하는 삶이 가장 안전한 삶입니다.

> 왕과 그의 부하들이 예루살렘으로 가서
> 그 땅 주민 여부스 사람을 치려 하매
> 그 사람들이 다윗에게 이르되
> 네가 결코 이리로 들어오지 못하리라
> 맹인과 다리 저는 자라도 너를 물리치리라 하니
> 그들 생각에는 다윗이 이리로 들어오지 못하리라 함이나
> 다윗이 시온 산성을 빼앗았으니 이는 다윗 성이더라 (5:6-7)

이스라엘은 남과 북으로 분단되어 있었습니다. 다윗은 7년 동안 남쪽에서만 다스렸습니다. 이제 다윗은 온 이스라엘의 왕이 되었으므로, 새로운 수도가 필요했습니다. 다윗이 보기에 예루살렘이 새로운 수도가 되기에 적절했습니다. 예루살렘은 위치적으로 이스라엘의 중심이었고, 남과 북 어디에도 속하지 않은 지역이었습니다. 하지만 예루살렘은 난공불락의 성이었습니다. 바로 이것이 지금껏 이스라엘이 예루살렘을 점령하지 못한 이유였습니다. 그러나 다윗은 예루살렘을 점령했습니다. 하나님이 다윗과 함께하신 결과였습니다. "만군의 하나님 여호와께서 함께 계시니 다윗이 점점 강성하여 가니라"(5:12)

다윗이 여호와께서 자기를 세우사
이스라엘 왕으로 삼으신 것과
그의 백성 이스라엘을 위하여
그 나라를 높이신 것을 알았더라 (5:12)

다윗은 왕이 된 후에 여러 차례 이방 나라와 전쟁을 했습니다. 그리고 그 전쟁에서 모두 승리했습니다. 다윗은 승리의 이유를 자신에게서 찾지 않았습니다. 승리의 공로를 모두 하나님께 돌리고, 겸손하게 하나님만을 높였습니다. 우리도 마찬가지입니다. 항상 하나님을 인정하며 살아야 합니다. 하나님께 감사하며 살아야 합니다. 겸손하게 하나님만 높여야 합니다.

이에 다윗이 여호와의 명령대로 행하여
블레셋 사람을 쳐서 게바에서 게셀까지 이르니라 (5:25)

다윗은 전쟁 전문가였습니다. 그는 누구보다 싸움을 잘하는 사람이었습니다. 하지만 다윗은 자기 마음대로 싸우지 않았습니다. 어떻게 싸워야 할지를 하나님께 물었습니다. 그리고 하나님께서 알려 주신 대로 싸웠습니다. 다윗이 블레셋과의 전쟁에서 승리할 수 있었던 비결은 다윗이 작은 것 하나까지도 하나님께 물었기 때문입니다.

묵상

왜 다윗은 예루살렘을 새로운 수도로 선택했습니까?

왜 다윗은 블레셋과의 전투에서 승리할 수 있었습니까?

기도

하나님. 다윗은 항상 싸우며 살았습니다. 다윗은 하나님의 뜻대로 싸워서 승리할 수 있었습니다. 저희도 날마다 영적인 싸움을 싸웁니다. 그러나 저희 마음대로 싸우지 않게 해 주세요. 하나님의 뜻대로 살아서, 영적인 전쟁에서 승리하게 해 주세요. 예수님의 이름으로 기도합니다. 아멘.

온 이스라엘 족속이 즐거이 환호하며
여호와의 궤를 메어오니라

사무엘하 6장 | 찬송가 289장. 주 예수 내 맘에 들어와

> 다윗이 일어나 자기와 함께 있는 모든 사람과 더불어
> 바알레유다로 가서 거기서 하나님의 궤를 메어 오려 하니
> 그 궤는 그룹들 사이에 좌정하신
> 만군의 여호와의 이름으로 불리는 것이라 (6:2)

다윗은 이스라엘의 진정한 왕이 하나님이심을 알았습니다. 그래서 다윗은 언약궤를 예루살렘으로 옮기려고 했습니다. 언약궤 안에는 십계명이 적힌 돌판이 있었습니다. 언약궤는 하나님을 상징하는 특별한 기구였습니다. 언약궤를 예루살렘에 있는 왕궁으로 옮기는 것

은 하나님이 왕이심을 나타내는 일이었습니다.

다윗은 하나님을 상징하는 언약궤를 짐짝처럼 수레에 실었습니다. 그것은 하나님의 말씀을 어기는 일이었습니다. 언약궤는 반드시 레위 지파 사람이 어깨에 메고 옮겨야 했기 때문입니다(민 4:15). 언약궤는 하나님을 상징하는 기구이기 때문에, 특별하고 소중하게 다루어야 했습니다. 다윗이 언약궤를 왕궁으로 옮기겠다고 결심한 것은 올바른 일이었습니다. 하지만 언약궤를 왕궁으로 옮기는 방법은 올바르지 않았습니다. 목적이 선하다면, 방법도 선해야 합니다. 하나님의 뜻을 이루기 위해서는 방법도 하나님의 뜻과 일치해야 합니다.

언약궤를 나르던 사람 중에 '웃사'라고 하는 사람이 있었습니다. 웃사는 하나님의 언약궤를 손으로 만졌습니다. 그것은 하나님의 말씀을 어기는 일이었습니다. 일반인이 언약궤를 손으로 만지는 것은 금지되어 있었습니다. 하나님은 언약궤를 손으로 만질 경우, 죽음으로 벌하신다고 하셨습니다(민 4:15). 웃사는 하나님의 말씀을 어긴 결과 죽음을 맞이하게 됩니다. 다윗은 하나님을 높이기 위해 언약궤를 예루살렘으로 옮기려고 했습니다. 하지만 언약궤를 옮기는 과정에서 하나님의 뜻을 생각하지 않았습니다. 결국 언약궤를 옮기는 날은 축제의 날이 아니라 심판의 날이 되고 말았습니다.

> 다윗과 온 이스라엘 족속이 즐거이 환호하며 나팔을 불고
> 여호와의 궤를 메어오니라 (6:15)

다윗은 실패의 이유를 하나님의 말씀에서 찾았습니다. 하나님의 말씀을 보면서 자신이 무엇을 잘못했는지를 생각해 보았습니다. 다윗은 어깨로 메어야 하는 언약궤를 수레에 싣는 죄를 지었음을 알게되었습니다. 우리도 자주 실수하고 실패합니다. 실수와 실패를 반복하지 않기 위해서는 말씀을 묵상해야 합니다. 말씀을 어긴 것이 무엇인지 생각해 보아야 합니다.

묵상

왜 다윗은 언약궤를 예루살렘 왕궁으로 옮기려고 했습니까?

언약궤는 어떻게 옮겨야 했습니까?

기도

하나님. 다윗은 하나님의 뜻대로 행하지 않아 실패했습니다. 그러나 저희는 하나님을 뜻을 잘 알고, 하나님의 뜻대로 행동하게 해 주세요. 하나님의 뜻을 위한 일이라면 방법도 하나님의 뜻에 합당하게 행하게 해 주세요. 예수님의 이름으로 기도합니다. 아멘.

20주

다윗은 예루살렘에 그대로 있더라

사무엘하 11장 | 찬송가 290장. 우리는 주님을 늘 배반하나

> 그 해가 돌아와 왕들이 출전할 때가 되매
> 다윗이 요압과 그에게 있는
> 그의 부하들과 온 이스라엘 군대를 보내니
> 그들이 암몬 자손을 멸하고 랍바를 에워쌌고
> 다윗은 예루살렘에 그대로 있더라 (11:1)

이스라엘은 암몬과 전쟁 중이었습니다. 다윗은 이스라엘의 왕으로서, 앞장서서 암몬과 싸워야 했습니다. 하지만 다윗은 전쟁에 참여하지 않았습니다. 다윗은 부하들만 전쟁터로 내보내고, 자신은 왕궁에 남아 있었습니다. 다윗은 힘든 일은 부하들에게 맡기고, 자신

은 왕궁에서 쉬었습니다. 이것은 하나님께서 원하시는 왕의 모습이
아니었습니다. 다윗은 조금씩 죄에 물들고 있었습니다.

<blockquote>
다윗이 사람을 보내 그 여인을 알아보게 하였더니

그가 이르되 그는 엘리암의 딸이요

헷 사람 우리아의 아내 밧세바가 아니니이까 하니 (11:3)
</blockquote>

다윗은 한 여인을 보고 한눈에 반했습니다. 다윗은 그 여인이 어떤
사람인지 알아보았습니다. 그 여인의 이름은 밧세바였고 이미 결혼
한 여인이었습니다. 밧세바의 남편은 '우리아'였는데, 다윗의 충성
스러운 부하였습니다.

<blockquote>
다윗이 전령을 보내어

그 여자를 자기에게로 데려오게 하고

그 여자가 그 부정함을 깨끗하게 하였으므로

더불어 동침하매 그 여자가

자기 집으로 돌아가니라 (11:4)
</blockquote>

밧세바는 이미 결혼한 여인이었습니다. 심지어 밧세바의 남편은 다
윗의 부하였습니다. 따라서 다윗은 밧세바를 멀리해야 했습니다.
하지만 다윗은 밧세바와 가까이 지냈습니다. 심지어 밧세바와 잠자
리까지 가졌습니다. 다윗은 죄를 짓는 일에 점점 담대해졌습니다.
처음에는 전쟁터에 나가지 않고 왕궁에 머무르는 수준이었습니다.
하지만 시간이 지나자 성적인 범죄까지 저지르게 되었습니다. 죄를
회개하지 않고 내버려 두면 이렇게 됩니다.

다윗과 밧세바는 잠자리를 가졌습니다. 밧세바는 다윗의 아들을 임신하게 되었습니다. 다윗은 자신의 죄를 숨기기 위해, 밧세바의 남편을 죽이기로 마음먹었습니다. 그리고 요압에게 우리아를 죽이라고 명령했습니다. 요압은 우리아를 위험한 곳으로 보내 죽게 만들었습니다. 처음에 다윗은 게으름의 죄를 지었습니다. 이후에는 성적인 죄를 지었고, 이후에는 살인죄를 지었습니다. 이 과정에서 다윗은 자신의 행동을 반성하지 않았습니다. 다윗은 자신의 죄를 회개하지 않았습니다. 그 결과 다윗은 점점 큰 죄를 짓는 사람이 되었습니다. 작은 죄를 회개하지 않고 내버려 두면, 결국에는 큰 죄로 이어집니다. 그래서 회개는 날마다 해야 합니다. 매일 매 순간 우리의 죄를 회개해야 합니다.

묵상

이스라엘과 암몬이 전쟁 중일 때 다윗은
어떤 행동을 했습니까?

다윗은 밧세바를 어떻게 대해야 했습니까?

기도

하나님. 다윗은 육신의 욕심을 이기지 못했지만, 저희는 육신
의 욕심에 지배당하지 않기를 원합니다. 욕심대로 살지 않고,
하나님의 말씀대로 살게 해 주세요. 예수님의 이름으로 기도
합니다. 아멘.

21주

여호와여 이제 간구하옵나니
종의 죄를 사하여 주옵소서

사무엘하 24장 | 찬송가 292장. 주 없이 살 수 없네

이에 왕이 그 곁에 있는 군사령관 요압에게 이르되

너는 이스라엘 모든 지파 가운데로 다니며

이제 단에서부터 브엘세바까지 인구를 조사하여

백성의 수를 내게 보고하라 하니(24:2)

다윗은 부하들에게 이스라엘의 인구를 조사하라고 했습니다. 하나님은 다윗의 그러한 행동을 좋게 보시지 않았습니다. 다윗이 인구조사를 명령한 이유는 다윗이 하나님보다 사람을 더 의지했기 때문입니다. 사람을 더 의지했기 때문에, 자신의 백성들이 몇 명이나 되

는지 알아보았던 것입니다. 혹시 우리도 하나님보다 사람을 더 의지하지는 않습니까?

> 요압이 백성의 수를 왕께 보고하니
> 곧 이스라엘에서 칼을 빼는 담대한 자가 팔십만 명이요
> 유다 사람이 오십만 명이었더라 (24:9)

고대에는 인구의 수가 곧 그 나라의 힘이었습니다. 인구가 많으면 강한 나라였고, 인구가 적으면 약한 나라였습니다. 다윗이 조사한 바에 따르면, 이스라엘의 인구는 적지 않았습니다. 이스라엘의 인구는 싸움에 나갈 수 있는 남자의 수만 130만 명이나 되었습니다. 여자와 아이의 숫자까지 더하면, 이스라엘의 인구는 훨씬 더 많았을 것입니다. 하지만 이스라엘의 인구가 아무리 많아도 하나님이 이스라엘과 함께하지 않으신다면 아무 소용이 없습니다. 하나님이 함께하지 않으시면 '속 빈 강정'일 뿐입니다.

> 다윗이 백성을 조사한 후에 그의 마음에 자책하고
> 다윗이 여호와께 아뢰되
> 내가 이 일을 행함으로 큰 죄를 범하였나이다
> 여호와여 이제 간구하옵나니 종의 죄를 사하여 주옵소서
> 내가 심히 미련하게 행하였나이다 하니라 (24:10)

다윗은 뒤늦게나마 자신의 죄를 깨달았습니다. 다윗은 하나님을 의지하지 않고 사람의 수를 의지한 것이 잘못된 행동임을 알게 되었습니다. 다윗은 하나님께 자신의 죄를 자백하고 용서를 구했습니다.

> 이에 여호와께서 그 아침부터 정하신 때까지
>
> 전염병을 이스라엘에게 내리시니
>
> 단에서부터 브엘세바까지
>
> 백성의 죽은 자가 칠만 명이라 (24:15)

하나님은 다윗에게 벌을 내리셨습니다. 하나님께서 다윗에게 내리신 벌은, 이스라엘 백성 가운데 칠만 명이 전염병으로 죽는 것이었습니다. 죄는 항상 비참한 결과를 가져옵니다. 죄는 하나님의 무서운 형벌을 불러옵니다.

> 천사가 예루살렘을 향하여 그의 손을 들어 멸하려 하더니
>
> 여호와께서 이 재앙 내리심을 뉘우치사
>
> 백성을 멸하는 천사에게 이르시되
>
> 족하다 이제는 네 손을 거두라 하시니
>
> 여호와의 사자가 여부스 사람
>
> 아라우나의 타작 마당 곁에 있는지라 (24:16)

하나님의 천사는 더 많은 사람을 죽이려고 했습니다. 하지만 하나님은 이스라엘을 불쌍히 여기시고 심판을 중단하셨습니다. 하나님께서 이스라엘에게 은혜를 베푸신 장소는 아라우나의 타작 마당이었습니다. 이후에 솔로몬은 바로 이 장소에 성전을 건축했습니다. 성전은 하나님께서 자비를 베푸신 장소에 세워졌습니다.

왜 다윗은 인구 조사를 명령했습니까?

성전은 어떤 장소에 세워졌습니까?

기도

하나님. 하나님은 심판받아 마땅한 이스라엘에게 긍휼을 베푸셨습니다. 은혜를 베풀어 주셨습니다. 그러니 저희에게도 은혜를 베풀어 주세요. 날마다 죄를 짓는 저희를 긍휼히 여기시고 용서해 주세요. 예수님의 이름으로 기도합니다. 아멘.

일주일에 한 번,
온 가족 말씀 동행 프로젝트

열왕기상·하

다윗 왕이 솔로몬을 왕으로 삼으셨나이다

열왕기상 1장 ┃ 찬송가 295장. 큰 죄에 빠진 나를

그때에 학깃의 아들 아도니야가
스스로 높여서 이르기를 내가 왕이 되리라 하고
자기를 위하여 병거와 기병과
호위병 오십 명을 준비하니 (1:5)

하나님께서 사울의 후계자로 다윗을 선택하셨듯이, 하나님은 다윗의 후계자로 솔로몬을 선택하셨습니다. 하나님은 다윗에게 다음과 같이 말씀하셨습니다. "그의 이름을 솔로몬이라 하리니 이는…그가 내 이름을 위하여 성전을 건축할지라 그는 내 아들이 되고 나는 그의 아버지가 되어 그 나라 왕위를 이스라엘 위에 굳게 세워 영원까

지 이르게 하리라"(대상 22:9-10). 그런데 아도니야는 하나님의 말씀에 순종할 생각이 전혀 없었습니다. 아도니야는 하나님의 말씀을 어기고 자신이 왕이 되려고 했습니다.

> 그는 압살롬 다음에 태어난 자요 용모가 심히 준수한 자라
> 그의 아버지가 네가 어찌하여 그리 하였느냐고 하는 말로
> 한 번도 그를 섭섭하게 한 일이 없었더라 (1:6)

아도니야가 하나님의 말씀을 어겼던 이유는 다윗에게 있었습니다. 다윗은 한 번도 아도니야의 잘못을 책망하지 않았습니다. 그래서 아도니야는 하나님조차 무서워하지 않는 사람이 되었습니다. 하나님이 자녀에게 부모를 공경하라고 하신 이유는 부모를 공경하는 것을 통해 하나님 공경하는 것을 배울 수 있기 때문입니다. 부모는 자녀의 잘못을 바로잡고, 자녀는 부모를 공경하는 아름다운 가정이 되기를 바랍니다.

> 아도니야가 스루아의 아들 요압과
> 제사장 아비아달과 모의하니 그들이 따르고 도우나
> 제사장 사독과 여호야다의 아들 브나야와
> 선지자 나단과 시므이와 레이와 다윗의 용사들은
> 아도니야와 같이 하지 아니하였더라 (1:7-8)

왕궁은 아도니야를 따르는 사람들과 솔로몬을 따르는 사람들로 나누어졌습니다. 당시 아도니야를 따르는 사람들이 더 많았던 것으로 보입니다. 아도니야가 솔로몬보다 더 많은 힘과 권력을 가지고 있었기 때문입니다. 그럼에도 불구하고 솔로몬을 따르는 사람들이 있었

습니다. 이들은 하나님의 말씀에 순종하는 것이 무엇보다 중요하다고 생각한 사람들이었습니다. 어떤 선택을 할 때, 무엇이 나에게 이익이 되는지를 따져서는 안 됩니다. 무엇이 하나님의 뜻인지를 생각해야 합니다.

> 요나단이 아도니야에게 대답하여 이르되
> 과연 우리 주 다윗 왕이 솔로몬을 왕으로 삼으셨나이다 (1:43)

당시 다윗은 나이가 아주 많았습니다. 다윗은 정신이 온전치 않았을 것입니다. 그래서 아도니야는 스스로 왕이 되려는 시도를 할 수 있었습니다. 하지만 하나님께서 그 상황을 그냥 지켜보지 않으셨습니다. 하나님은 다윗에게 잠시나마 온전한 정신을 주셨습니다. 다윗은 하나님의 말씀대로 솔로몬을 후계자로 지명했습니다. 결국 아도니야의 시도는 실패로 끝났습니다. 하나님의 뜻과 상관없는 일은 결국 실패로 끝난다는 것을 명심해야 합니다.

하나님께서 다윗의 후계자로 선택하신 사람은 누구입니까?

왜 사람들은 솔로몬이 아니라 아도니야를 따랐습니까?

기도

하나님. 세상 사람들은 힘과 권력을 가진 자들의 편에 서려고 합니다. 그들이 자신에게 유익할 거라고 생각합니다. 그러나 저희는 항상 하나님 편에 서게 해 주세요. 하나님께서 원하시는 자리에 있게 해 주세요. 예수님의 이름으로 기도합니다. 아멘.

23주

솔로몬이 이것을 구하매
그 말씀이 주의 마음에 든지라

열왕기상 3장 | 찬송가 301장. 지금까지 지내온 것

> 이에 왕이 제사하러 기브온으로 가니 거기는 산당이 큼이라
> 솔로몬이 그 제단에 일천 번제를 드렸더니 (3:4)

솔로몬은 왕이 된 후에 하나님께 일천 번제를 드렸습니다. 천 마리나 되는 제물을 하나님께 드렸습니다. 솔로몬이 하나님을 얼마나 사랑했는지, 솔로몬이 예배를 얼마나 중요하게 생각했는지 알 수 있습니다. 우리는 얼마나 하나님을 사랑합니까? 우리는 얼마나 예배를 중요하게 생각합니까?

기브온에서 밤에

여호와께서 솔로몬의 꿈에 나타나시니라

하나님이 이르시되 내가 네게 무엇을 줄꼬 너는 구하라…

누가 주의 이 많은 백성을 재판할 수 있사오리이까

듣는 마음을 종에게 주사

주의 백성을 재판하여 선악을 분별하게 하옵소서 (3:5-9)

하나님께서 솔로몬에게 소원을 물으셨습니다. 만약 일반적인 사람이라면 질병 없이 오래 사는 것이나 부자가 되는 것을 구했을 것입니다. 그런데 솔로몬은 그런 소원을 구하지 않았습니다. 대신 솔로몬은 재판을 잘할 수 있는 지혜를 구했습니다. 솔로몬이 재판을 잘해야 이스라엘 땅에 평화가 찾아올 수 있고, 이스라엘 땅에 평화가 찾아올 때 하나님이 영광을 받으시기 때문입니다. 솔로몬은 자신의 이익보다 하나님의 영광을 더 중요하게 생각했습니다.

> 솔로몬이 이것을 구하매 그 말씀이 주의 마음에 든지라 (3:10)

흔히 사람들은 오래 기도하거나 간절하게 기도하는 것이 중요하다고 생각합니다. 물론 그런 것들은 기도에 있어서 중요한 요소입니다. 하지만 더 중요한 것이 있습니다. 하나님의 마음에 드는 기도를 하는 것입니다. 하나님의 마음을 기쁘시게 하는 기도를 하는 것입니다. 우리는 어떤 기도를 하고 있습니까? 지금 우리가 하는 기도는 하나님의 마음에 드는 기도입니까? 지금 우리는 하나님을 기쁘시게 하는 기도를 하고 있습니까?

왕이 이르되 산 아이를 둘로 나누어

반은 이 여자에게 주고 반은 저 여자에게 주라

그 산 아들의 어머니 되는 여자가

그 아들을 위하여 마음이 불붙는 것 같아서 왕께 아뢰어 청하건대

내 주여 산 아이를 그에게 주시고 아무쪼록 죽이지 마옵소서 하되

다른 여자는 말하기를 내 것도 되게 말고

네 것도 되게 말고 나누게 하라 하는지라

왕이 대답하여 이르되 산 아이를 저 여자에게 주고

결코 죽이지 말라 저가 그의 어머니이니라 하매 (3:25-27)

두 여자가 찾아와서 한 아이를 두고 서로 자기의 아이라고 다투었습니다. 그러자 솔로몬은 칼로 아이를 나누라고 했습니다. 그러자 진짜 엄마는 제발 아이를 살려 달라고 했고, 가짜 엄마는 아이를 죽이라고 했습니다. 솔로몬은 이렇게 누가 진짜 엄마인지를 가려 내었습니다. 솔로몬은 하나님께서 주신 지혜를 가지고 공정하게 재판했습니다. 덕분에 이스라엘에는 평화가 임했습니다.

묵상

왜 솔로몬은 재판을 잘하는 지혜를 구했습니까?

기도에 있어서 가장 중요한 요소는 무엇입니까?

기도

하나님. 하나님은 솔로몬에게 재판을 잘하는 지혜를 주셨습니다. 저희에게도 지혜를 주셔서, 하나님의 뜻을 잘 분별하며 살아가게 해 주세요. 예수님의 이름으로 기도합니다. 아멘.

24주

솔로몬이 여호와를 위하여
성전 건축하기를 시작하였더라

열왕기상 6장 | 찬송가 302장. 내 주 하나님 넓고 큰 은혜는

> 이스라엘 자손이 애굽 땅에서 나온 지 사백팔십 년이요
> 솔로몬이 이스라엘 왕이 된 지 사 년 시브월 곧 둘째 달에
> 솔로몬이 여호와를 위하여 성전 건축하기를 시작하였더라 (6:1)

이스라엘이 성전 건축한 시간을 정확하게 기록하고 있습니다. 이스라엘은 애굽을 떠나온 지 480년 만에 성전을 건축했습니다. 이렇게 시간을 정확하게 기록하는 것은 그만큼 성전 건축이 중요하기 때문입니다. 성전은 하나님의 지상 왕궁입니다. 성전은 이스라엘이 하나님의 나라라는 증거입니다. 세상 나라들은 이스라엘의 성전을 보

면서, 하나님께서 이스라엘을 다스리시고 보호하신다는 사실을 알
수 있었습니다.

> 여호와의 말씀이 솔로몬에게 임하여 이르시되
> 네가 지금 이 성전을 건축하니 네가 만일 내 법도를 따르며
> 내 율례를 행하며 내 모든 계명을 지켜 그대로 행하면
> 내가 네 아버지 다윗에게 한 말을 네게 확실히 이룰 것이요 (6:11-12)

성전은 하나님의 지상 왕궁입니다. 하나님은 어디에나 거하시지만
특별히 성전에 거하셨습니다. 성전에 거하시면서 이스라엘을 보호
해 주셨습니다. 하지만 한 가지 조건이 있었습니다. 하나님은 이스
라엘이 하나님의 말씀을 지켜 행할 때 성전에 거하실 것입니다. 만
약 이스라엘이 하나님의 말씀을 떠나면 하나님도 성전을 떠나실 것
입니다. 실제로 이스라엘이 타락했을 때 하나님은 성전을 떠나셨
고, 이방 나라로부터 이스라엘을 지켜 주지 않으셨습니다.

> 여호와의 언약궤를 두기 위하여 성전 안에 내소를 마련하였는데
> 그 내소의 안은 길이가 이십 규빗이요
> 너비가 이십 규빗이요 높이가 이십 규빗이라
> 정금으로 입혔고 백향목 제단에도 입혔더라 (6:19-20)

성전 안에는 '내소'라고 하는 장소가 있었습니다. 내소는 다른 말로
'지성소'라고 합니다. 지성소는 성전에서 가장 중요한 장소입니다.
지성소에는 하나님의 언약궤가 있고, 언약궤 안에는 하나님의 말씀
이 적힌 두 개의 돌판이 있기 때문입니다. 그래서 지성소는 황금으
로 만들었습니다. 우리는 여기서 하나님의 말씀을 소중하게 다루어

야 한다는 사실을 알 수 있습니다. 황금으로 만든 특별한 방에 언약
궤를 보관한 것처럼, 우리의 마음 중심에 하나님의 말씀을 보관해야
합니다. 날마다 하나님의 말씀을 읽고, 마음에 간직해야 합니다.

> 열한째 해 불월 곧 여덟째 달에
> 그 설계와 식양대로 성전 건축이 다 끝났으니
> 솔로몬이 칠 년 동안 성전을 건축하였더라 (6:38)

솔로몬은 무려 7년 동안 성전을 건축했습니다. 솔로몬이 얼마나 공
들여서 성전을 건축했는지 알 수 있습니다. 이제 이스라엘은 성전
에서 하나님을 예배할 것이고, 하나님은 성전에서 이스라엘에게 은
혜를 주실 것입니다. 지금 시대의 성전은 예수님입니다. 구약 시대
에는 성전을 통해서 하나님께 나아갔지만, 지금은 예수님을 통해서
하나님께 나아갑니다. 구약 시대에는 성전에서 죄를 용서받았지만,
지금은 예수님을 통해서 죄를 용서받습니다. "예수께서 대답하여
이르시되 너희가 이 성전을 헐라 내가 사흘 동안에 일으키리라 …
예수는 성전된 자기 육체를 가리켜 말씀하신 것이라"(요 2:19-21).

묵상

하나님이 성전에 거하시는 조건은 무엇입니까?

구약 성전은 사라졌습니다. 이 시대의 성전은 누구입니까?

기도

하나님. 하나님은 성전에서 이스라엘을 만나 주셨습니다. 저희도 성전이신 예수님을 통해 하나님께 나아갑니다. 예수님의 이름으로 기도할 때, 저희의 기도를 들어 주세요. 예수님의 이름으로 죄를 자백할 때, 저희의 죄를 용서해 주세요. 예수님의 이름으로 기도합니다. 아멘.

25주

여인들이 왕의 마음을 돌아서게 하였더라

열왕기상 11장 | 찬송가 304장. 그 크신 하나님의 사랑

> 솔로몬 왕이 바로의 딸 외에 이방의 많은 여인을 사랑하였으니
> 곧 모압과 암몬과 에돔과 시돈과 헷 여인이라 (11:1)

솔로몬은 많은 이방 여인을 아내로 삼았습니다. 그것은 명백하게 하나님의 뜻을 어기는 일이었습니다. 하나님은 이스라엘의 왕이 아내를 많이 두어서는 안 된다고 말씀하셨습니다(신 17장). 특히 이방 여인들은 하나님을 믿지 않는 자들이었습니다. 그들과 결혼하는 것은 신앙에 해가 될 수 있었습니다.

> 왕은 후궁이 칠백 명이요 첩이 삼백 명이라
> 그의 여인들이 왕의 마음을 돌아서게 하였더라
> 솔로몬의 나이가 많을 때에
> 그의 여인들이 그의 마음을 돌려 다른 신들을 따르게 하였으므로
> 왕의 마음이 그의 아버지 다윗의 마음과 같지 아니하여
> 그의 하나님 여호와 앞에 온전하지 못하였으니 (11:3-4)

솔로몬은 1000명이나 되는 아내를 두었습니다. 솔로몬의 아내들은 우상 숭배자였습니다. 솔로몬은 아내들이 우상을 숭배하는 것을 내버려 두었습니다. 심지어 솔로몬 자신조차 우상 숭배자가 되었습니다. 젊은 시절의 솔로몬은 지혜로운 청년이었습니다. 하지만 솔로몬은 믿음을 지키지 못했습니다. 노년의 솔로몬은 하나님보다 여자를 사랑하는 추한 사람이 되었습니다.

> 여호와께서 솔로몬에게 말씀하시되
> 네게 이러한 일이 있었고
> 또 네가 내 언약과 내가 네게 명령한 법도를 지키지 아니하였으니
> 내가 반드시 이 나라를 네게서 빼앗아 네 신하에게 주리라
> 그러나 네 아버지 다윗을 위하여 네 세대에는 이 일을 행하지 아니하고
> 네 아들의 손에서 빼앗으려니와 (11:11-12)

하나님은 솔로몬의 우상 숭배를 벌하셨습니다. 하나님은 솔로몬에게서 나라를 빼앗아 솔로몬의 신하에게 주신다고 하셨습니다. 하지만 하나님은 솔로몬이 죽은 다음에 이 일을 행하신다고 하셨습니다. 다윗 때문에 솔로몬에게 은혜를 베푸셨던 것입니다. 실제로 솔로몬이 죽은 다음에 이스라엘은 남과 북으로 분단되었습니다. 남쪽은 솔

로몬의 아들이 다스렸지만, 북쪽은 솔로몬의 신하였던 여로보암이 다스렸습니다.

> 하나님이 또 엘리아다의 아들 르손을 일으켜
> 솔로몬의 대적자가 되게 하시니
> 그는 그의 주인 소바 왕 하닷에셀에게서 도망한 자라 (11:23)

솔로몬이 하나님을 온전히 섬길 때, 하나님은 솔로몬의 방패가 되어 주셨습니다. 하나님은 내부의 반역자들로부터 솔로몬을 보호하셨고, 외부의 적들로부터도 솔로몬을 안전하게 지켜 주셨습니다. 하지만 솔로몬이 우상을 숭배하자, 오히려 하나님은 솔로몬의 대적들을 강성하게 하셨습니다. 여로보암, 르손, 하닷과 같은 사람들을 강성하게 하셔서, 솔로몬을 공격하게 하셨습니다. 우리의 안전은 우리의 힘과 능력에 달린 것이 아닙니다. 우리의 안전은 하나님께 달려 있습니다. 우리가 하나님을 온전히 따를 때, 하나님은 우리의 방패가 되십니다. 하지만 우리가 하나님을 멀리할 때, 하나님은 우리를 찌르는 칼이 되십니다.

묵상

솔로몬의 아내들은 어떤 사람이었습니까?

노년의 솔로몬은 어떤 사람이 되었습니까?

기도

하나님. 솔로몬은 우상 숭배자들과 결혼했습니다. 결국 솔로몬도 우상 숭배자가 되었습니다. 믿음을 가진 사람들과의 교제를 소중하게 여기게 해 주세요. 하나님께서 기뻐하시는 믿음의 가정을 세우게 해 주세요. 예수님의 이름으로 기도합니다. 아멘.

26주

여호와의 선지자는 나만 홀로 남았으나

열왕기상 18장 | 찬송가 308장. 내 평생 살아온 길

많은 날이 지나고 제삼년에

여호와의 말씀이 엘리야에게 임하여 이르시되

너는 가서 아합에게 보이라 내가 비를 지면에 내리리라 (18:1)

이스라엘의 왕 아합은 이세벨과 결혼했습니다. 이세벨은 시돈 왕국의 공주로서, 폭풍의 신 바알을 숭배하는 여인이었습니다. 이세벨이 바알 숭배를 도입한 이후로, 온 이스라엘이 바알을 숭배하기 시작했습니다. 하나님은 이스라엘의 우상 숭배를 가뭄으로 벌하셨습니다. 그리고 3년이 지났습니다. 하나님은 엘리야 선지자에게 아합을 찾아가라고 말씀하셨습니다.

마침내 엘리야 선지자와 아합 왕이 만났습니다. 아합은 엘리야에게 이스라엘을 괴롭히는 자라고 말했습니다. 아합은 엘리야 때문에 가뭄이 왔다고 주장했습니다. 참으로 어리석은 주장입니다. 이스라엘이 가뭄으로 고통받은 것은 엘리야 때문이 아니라 아합 때문입니다. 아합은 하나님께 죄를 지으면서도 자신이 죄를 짓고 있다는 사실을 몰랐습니다. 혹시 우리도 죄를 깨닫지 못하고 어리석은 행동을 계속해서 반복하고 있지 않습니까?

엘리야는 바알 선지자들을 만났습니다. 엘리야는 혼자였고, 바알 선지자들은 무려 450명이었습니다. 당시에 하나님을 따르는 사람보다 바알을 숭배하는 사람이 훨씬 더 많았음을 알 수 있습니다. 지금도 마찬가지입니다. 하나님을 따르는 사람보다 하나님을 부인하는 사람들이 훨씬 더 많습니다. 하나님의 말씀대로 사는 사람보다 하나님의 뜻과 상관없이 사는 사람들이 훨씬 더 많습니다. 하지만 우리는 하나님을 따라야 합니다. 우리가 소수일지라도 하나님의 말씀대로 살아야 합니다. 우리는 다수결을 따르는 사람이 아니라, 하나님을 따르는 사람이 되어야 합니다.

엘리야는 450명의 바알 선지자와 싸움을 시작했습니다. 엘리야는 제단에 불을 내리는 신이 진짜 신이라고 말했습니다. 바알 선지자들은 이 싸움에서 자신들이 이길 것이라고 생각했습니다. 바알은 폭풍의 신이기 때문에, 제단에 번개를 내려 줄 것이라고 믿었기 때문입니다. 하지만 바알 선지자들의 제단에는 아무 일도 일어나지 않았습니다. 오히려 하늘에서 불이 내려온 것은 엘리야의 제단이었습니다. 이처럼 하나님 외의 모든 신들은 가짜입니다. 하나님 한 분만 참된 신이십니다.

묵상

북이스라엘에 바알 숭배를 본격적으로 도입한 사람은
누구입니까?

바알을 숭배한 결과 북이스라엘에는 3년간 무엇이
없었습니까?

기도

하나님. 아합은 자신의 죄를 보지 못했습니다. 그래서 계속해
서 어리석은 일을 행했습니다. 저희의 죄를 보게 해 주세요. 저
희의 더러움을 보게 해 주세요. 그래서 점점 거룩한 삶을 살게
해 주세요. 예수님의 이름으로 기도합니다. 아멘.

27주

성령이 하시는 역사가 갑절이나
내게 있게 하소서

열왕기하 2장 | 찬송가 309장. 목마른 내 영혼

> 건너매 엘리야가 엘리사에게 이르되
> 나를 네게서 데려감을 당하기 전에 내가 네게 어떻게 할지를 구하라
> 엘리사가 이르되 당신의 성령이 하시는 역사가
> 갑절이나 내게 있게 하소서 하는지라 (2:9)

엘리야는 오랫동안 선지자로 활동했습니다. 이제 엘리야는 하나님 곁으로 갈 때가 되었습니다. 엘리야는 엘리사에게 무엇을 원하는지 물었습니다. 엘리사는 하나님의 능력을 구했습니다. 엘리사가 엘리야를 이어서 선지자로 활동하려면, 하나님 능력이 필요했기 때문입

역사서

니다. 우리도 마찬가지입니다. 하나님께서 우리에게 맡기신 일을 하기 위해서는 하나님의 도움이 필요합니다. 쉬운 일도 우리의 힘으로 하려고 하면 실패할 수밖에 없고, 어려운 일도 하나님의 능력으로 한다면 능히 해낼 수 있습니다. 지금 맡은 일을 잘할 수 있도록, 하나님의 도움을 구합시다.

> 엘리사가 물 근원으로 나아가서 소금을 그 가운데에 던지며 이르되
> 여호와의 말씀이 내가 이 물을 고쳤으니
> 이로부터 다시는 죽음이나 열매 맺지 못함이 없을지니라 하셨느니라 하니
> 그 물이 엘리사가 한 말과 같이 고쳐져서 오늘에 이르렀더라 (2:21-22)

물이 오염된 한 마을이 있었습니다. 그 마을에서는 과일이 잘 자라지 않았습니다. 물이 오염되었기 때문입니다. 엘리사는 그 마을을 찾아갔습니다. 그리고 물에 소금을 뿌렸습니다. 그러자 오염되었던 물이 깨끗해졌습니다. 이것은 하나님의 능력이 엘리사와 함께했기 때문입니다. 과연 하나님은 엘리사의 기도를 잊지 않으셨습니다. 엘리사가 기도한 대로 하나님은 엘리사에게 큰 능력을 주셨습니다.

> 엘리사가 거기서 벧엘로 올라가더니
> 그가 길에서 올라갈 때에
> 작은 아이들이 성읍에서 나와 그를 조롱하여 이르되
> 대머리여 올라가라 대머리여 올라가라 하는지라 (2:23)

엘리사가 한 마을을 지날 때 일어난 일입니다. 마을 아이들이 엘리사를 '대머리'라고 놀렸습니다. 엘리사는 하나님의 선지자였습니다. 따라서 엘리사를 조롱하는 것은 곧 하나님을 조롱하는 일이었습니

다. 우리는 이 사건에서 당시 이스라엘의 영적인 상태를 알 수 있습니다. 이스라엘은 성인부터 아이에 이르기까지 우상 숭배에 물들어 있었습니다.

> 엘리사가 뒤로 돌이켜 그들을 보고 여호와의 이름으로 저주하매
> 곧 수풀에서 암곰 둘이 나와서 아이들 중의 사십이 명을 찢었더라 (2:24)

엘리사는 아이들을 저주했습니다. 아이들이 하나님을 조롱했기 때문입니다. 엘리사와 하나님을 조롱한 아이들은 곰에게 찢겨 죽었습니다. 하나님을 함부로 대하는 일은 어리다고 해서 용인될 수 없습니다. 혹시 나이가 어리다는 이유로 예배를 장난하듯 드리고 있지 않습니까? 나이를 핑계로 하나님을 함부로 대하면, 큰 벌을 받을 수도 있습니다.

왜 엘리사는 하나님의 능력을 구했습니까?

엘리사에게 하나님의 능력이 임했음을 보여 주는 사건은
무엇입니까?

기도

하나님. 하나님을 저주한 아이들은, 큰 벌을 받았습니다. 하나
님을 높이는 일은 아이들이라고 해서 예외가 아닙니다. ㅇㅇ
가 아직 어릴지라도 하나님을 잘 믿게 해 주세요. 어려서부터
하나님의 사람으로 자라게 해 주세요. 예수님의 이름으로 기
도합니다. 아멘.

28주

그는 큰 용사이나 나병환자더라

열왕기하 5장 | 찬송가 310장. 아 하나님의 은혜로

> 아람 왕의 군대 장관 나아만은 그의 주인 앞에서 크고 존귀한 자니
>
> 이는 여호와께서 전에 그에게 아람을 구원하게 하셨음이라
>
> 그는 큰 용사이나 나병환자더라 (5:1)

나아만은 아람에서 존경받는 사람이었습니다. 나아만이 전쟁에서 나라를 구했기 때문입니다. 하지만 나아만에게는 큰 문제가 있었습니다. 나아만은 나병 환자였습니다. 당시에 나병은 사람의 힘으로 고칠 수 없는 불치의 병이었습니다. 하지만 나아만의 질병에는 하나님의 뜻이 있었습니다. 나아만은 자신의 질병 때문에 하나님의 사람으로 거듭나게 됩니다.

> 전에 아람 사람이 떼를 지어 나가서
>
> 이스라엘 땅에서 어린 소녀 하나를 사로잡으매
>
> 그가 나아만의 아내에게 수종들더니 그의 여주인에게 이르되
>
> 우리 주인이 사마리아에 계신 선지자 앞에 계셨으면 좋겠나이다
>
> 그가 그 나병을 고치리이다 하는지라 (5:2-3)

이스라엘 소녀가 아람의 포로가 되었습니다. 이스라엘 소녀는 나아만의 집에서 일하게 되었습니다. 아마 나아만은 포로가 된 이스라엘 소녀를 친절하게 대해 주었던 것 같습니다. 이스라엘 소녀는 나아만에게 하나님의 선지자를 소개해 주었습니다. 바로 엘리사였습니다.

> 나아만이 이에 말들과 병거들을 거느리고 이르러
>
> 엘리사의 집 문에 서니 엘리사가 사자를 그에게 보내 이르되
>
> 너는 가서 요단 강에 몸을 일곱 번 씻으라
>
> 네 살이 회복되어 깨끗하리라 하는지라 (5:9-10)

나아만은 소녀의 말대로 엘리사를 찾아갔습니다. 엘리사는 나아만에게 요단 강에서 몸을 씻으라고 말했습니다. 나아만은 엘리사의 말을 듣고 크게 실망했습니다. 나아만은 뭔가 거창한 치료 행위를 기대했기 때문입니다.

> 나아만이 이에 내려가서
>
> 하나님의 사람의 말대로 요단 강에 일곱 번 몸을 잠그니
>
> 그의 살이 어린 아이의 살 같이 회복되어 깨끗하게 되었더라 (5:14)

원래 나아만은 아람으로 돌아가려고 했습니다. 하지만 마음을 고쳐먹고 엘리사의 말에 순종했습니다. 그러자 기적이 일어났습니다.

나아만의 질병이 깨끗하게 나았습니다. 우리는 이 사건을 통해서 다음과 같은 사실들을 알 수 있습니다. 당시 이스라엘 사람들은 엘리사의 말에 순종하지 않았습니다. 하지만 이방 사람이었던 나아만은 엘리사의 말에 순종했습니다. 당시 이스라엘 사람들은 하나님의 저주 아래 있었습니다. 하지만 이방 사람이었던 나아만은 하나님의 복을 받았습니다. 따라서 나아만은 하나님의 능력을 보여 주는 거울이었습니다. 하나님은 이스라엘 사람들이 나아만의 모습을 보고, 하나님께로 돌아오기를 원하셨습니다. 하나님은 이스라엘 사람들이 나아만의 모습을 보고, 하나님의 말씀에 순종하기를 원하셨습니다.

묵상

나아만의 문제는 무엇이었습니까?

나아만의 문제는 어떻게 해결되었습니까?

기도

하나님. 나아만은 자신의 문제를 가지고 하나님을 찾았습니다. 하나님은 나아만의 문제를 해결해 주셨습니다. 저희도 어려운 문제를 만날 때, 하나님을 찾아가게 해 주세요. 언제나 하나님의 도움을 구하는 삶을 살게 해 주세요. 예수님의 이름으로 기도합니다. 아멘.

29주

여호야다가 교훈하는 동안에는 여호와 보시기에 정직히 행하였으되

열왕기하 11-12장 | 찬송가 312장. 너 하나님께 이끌리어

> 아하시야의 어머니 아달랴가 그의 아들이 죽은 것을 보고 일어나
> 왕의 자손을 모두 멸절하였으나 (11:1)

유다 왕 아하시야가 죽었습니다. 아하시야의 어머니 아달랴는 왕권을 장악하기 위해 다윗의 후손들을 죽였습니다. 다윗의 후손이 남아 있으면, 자신의 왕권이 위태롭기 때문입니다. 바로 그때 제사장 여호야다가 목숨을 걸고 요아스를 숨겼습니다. 여호야다가 요아스를 숨긴 이유는 요아스가 다윗의 후손이었기 때문입니다. 하나님은 다윗의 후손이 유다를 다스려야 한다고 하셨습니다. 여호야다는 하나

님의 뜻을 이루기 위해 목숨을 걸었습니다. 우리도 하나님의 뜻을 위해서라면 목숨까지 걸 수 있는 용기를 가져야 합니다.

여호야다가 요아스를 숨긴 지 6년이 지났습니다. 여호야다는 백부장들을 불러서 다윗의 후손이 생존해 있다는 사실을 알렸습니다. 여호야다는 백부장들에게 함께 아달랴를 몰아내고 요아스를 왕으로 세우자고 설득했습니다. 백부장들은 요아스의 말을 따랐습니다. 하나님의 뜻대로, 다윗의 후손인 요아스는 아달랴를 몰아내고 유다의 왕이 되었습니다. 아달랴처럼 악한 사람들은 하나님의 뜻을 어기고 자신의 욕망을 이루려고 합니다. 하지만 하나님의 뜻은 사람에 의해 무너지지 않습니다.

요아스는 7세에 왕이 되어 40년간 다스렸습니다. 요아스는 여호야다의 가르침을 받는 동안에는 하나님 보시기에 정직하게 행했습니다. 우리도 마찬가지입니다. 영적인 지도자의 가르침을 잘 받아야 하나님 보시기에 정직하게 행할 수 있습니다. 부모님과 선생님과 목사님이 가르쳐 주시는 하나님의 말씀을 잘 배워야 합니다. 그리고 그 말씀대로 행하기 위해 노력해야 합니다.

아달랴가 유다를 다스렸던 6년은 유다의 암흑기였습니다. 아달랴는 유다에 바알 숭배를 도입했습니다. 백성들은 바알을 숭배하고 하나님을 멀리했습니다. 그동안 성전은 파손된 상태로 남아 있었습니다. 그래서 요아스는 왕이 된 후에 성전을 수리했습니다. 그리하여 백성들이 성전에서 하나님을 예배하도록 했습니다. 요아스는 백성들의 신앙을 회복시켰습니다. 바로 이것이 요아스의 가장 중요한 업적입니다.

묵상

요아스를 숨기고 지도한 사람은 누구입니까?

요아스의 가장 중요한 업적은 무엇입니까?

기도

하나님. 여호야다는 하나님의 뜻을 이루기 위해 자신의 목숨을 걸었습니다. 저희도 하나님의 뜻을 이루기 위해 최선을 다하게 해 주세요. 하나님의 영광을 위해 목숨까지 걸 수 있는 용기를 주세요. 예수님의 이름으로 기도합니다. 아멘.

30주

호세아 제구년에 앗수르 왕이 사마리아를 점령하고

열왕기하 17장 | 찬송가 313장. 내 임금 예수 내 주여

앗수르의 왕 살만에셀이 올라오니

호세아가 그에게 종이 되어 조공을 드리더니

그가 애굽의 왕 소에게 사자들을 보내고

해마다 하던 대로 앗수르 왕에게 조공을 드리지 아니하매

앗수르 왕이 호세아가 배반함을 보고 그를 옥에 감금하여 두고 (17:3-4)

북이스라엘 왕 호세아는 하나님을 의지하지 않았습니다. 대신 그는 강대국의 왕들을 의지했습니다. 호세아는 앗수르가 강해 보이면 앗수르 왕을 의지하고, 애굽이 강해 보이면 애굽 왕을 의지했습니다.

호세아가 보기에 앗수르보다 애굽이 강해 보였습니다. 호세아는 앗수르와의 관계를 끊고 애굽과 가까이 지내기 위해 노력했습니다. 하지만 애굽 왕은 호세아에게 아무 도움이 되지 않았습니다. 우리는 누구를 의지합니까? 하나님만이 우리의 진정한 도움이심을 믿습니까?

> 앗수르 왕이 올라와 그 온 땅에 두루 다니고
> 사마리아로 올라와 그 곳을 삼 년간 에워쌌더라
> 호세아 제구년에 앗수르 왕이 사마리아를 점령하고
> 이스라엘 사람을 사로잡아 앗수르로 끌어다가
> 고산 강 가에 있는 할라와 하볼과 메대 사람의 여러 고을에 두었더라 (17:5-6)

앗수르 왕은 북이스라엘의 수도 사마리아를 점령했습니다. 북이스라엘은 앗수르 군대 앞에서 철저하게 무기력하여, 제대로 된 저항 한 번 하지 못하고 멸망하고 말았습니다. 이때가 주전 722년입니다.

> 이 일은 이스라엘 자손이 자기를 애굽 땅에서 인도하여 내사
> 애굽의 왕 바로의 손에서 벗어나게 하신
> 그 하나님 여호와께 죄를 범하고 또 다른 신들을 경외하며
> 여호와께서 이스라엘 자손 앞에서 쫓아내신 이방 사람의 규례와
> 이스라엘 여러 왕이 세운 율례를 행하였음이라 (17:7-8)

북이스라엘이 멸망한 이유는 무엇일까요? 북이스라엘 군대가 앗수르 군대에게 패배한 이유는 무엇일까요? 군사력 때문일까요? 아닙니다. 북이스라엘이 앗수르에게 패배한 이유는 우상 숭배 때문입니다. 북이스라엘은 하나님을 섬기지 않고, 우상을 숭배했기 때문에 멸망했습니다. 우상을 숭배했던 이방인들을 가나안에서 추방하신 것

처럼, 하나님은 우상을 숭배하던 북이스라엘 백성들을 가나안에서 추방하셨습니다. 우리가 하나님보다 더 사랑하는 것을 우상이라고 합니다. 우리는 하나님을 가장 사랑합니까? 하나님이 우리에게 일 순위가 되고 있습니까?

> 여호와께서 각 선지자와 각 선견자를 통하여
> 이스라엘과 유다에게 지정하여 이르시기를
> 너희는 돌이켜 너희 악한 길에서 떠나 나의 명령과 율례를 지키되
> 내가 너희 조상들에게 명령하고 또 내 종 선지자들을 통하여
> 너희에게 전한 모든 율법대로 행하라 하셨으나 (17:13)

하나님은 북이스라엘에게 기회를 주셨습니다. 만약 북이스라엘이 선지자들의 말을 들었다면, 북이스라엘은 멸망하지 않을 수 있었습니다. 지금도 하나님은 우리에게 기회를 주십니다. 하나님은 설교를 통해서, 성경 공부를 통해서, 양심을 통해서 우리의 죄를 깨우쳐 주십니다. 더 늦기 전에 우리 죄를 회개해야 합니다. 하나님의 징계가 임하기 전에 죄에서 떠나야 합니다.

호세아는 어떤 왕이었습니까?

북이스라엘이 멸망한 이유는 무엇입니까?

기도

하나님. 북이스라엘이 우상 숭배 때문에 멸망했지만, 저희도 우상을 숭배할 때가 있습니다. 하나님보다 돈과 성공을 더 사랑할 때가 있습니다. 하나님을 가장 사랑하는 저희가 되게 해 주세요. 하나님을 일 순위로 여기게 해 주세요. 예수님의 이름으로 기도합니다. 아멘.

일주일에 한 번,
온 가족 말씀 동행 프로젝트

역대상·하

31주

만군의 여호와께서 함께 계시니
다윗이 점점 강성하여 가니라

역대상 11장 | 찬송가 314장. 내 구주 예수를 더욱 사랑

이에 이스라엘의 모든 장로가 헤브론에 있는 왕에게로 나아가니

헤브론에서 다윗이 그들과 여호와 앞에 언약을 맺으매

그들이 다윗에게 기름을 부어 이스라엘의 왕으로 삼으니

여호와께서 사무엘을 통하여 전하신 말씀대로 되었더라 (11:3)

하나님은 누군가를 왕으로 세우실 때, 그에게 기름을 부으셨습니다. 다윗도 마찬가지입니다. 하나님은 다윗에게 기름을 부으셨습니다. 다윗은 하나님께 왕으로 선택받았습니다. 하지만 다윗은 왕으로 선택된 후, 곧바로 왕이 되지 못했습니다. 다윗은 사무엘에게 처

음 기름 부음을 받았습니다. 이때는 사울이 다윗을 왕으로 인정하지 않았습니다. 사울은 자신의 아들 요나단을 왕으로 세우려고 했습니다. 다윗은 또 유다 사람들에게 기름 부음을 받았습니다. 이때는 이스라엘 사람들이 다윗을 왕으로 인정하지 않았습니다. 이스라엘 사람들은 이스보셋을 왕으로 세웠습니다. 하지만 결국에는 다윗을 왕으로 인정했습니다. 이스보셋이 죽은 후, 이스라엘 장로들은 다윗에게 기름을 부었습니다. 이처럼 하나님의 뜻은 언젠가는 반드시 이루어집니다. 우리는 하나님의 뜻이 이루어지기를 인내하면서 기다려야 합니다.

> **만군의 여호와께서 함께 계시니**
> **다윗이 점점 강성하여 가니라 (11:9)**

다윗이 온 이스라엘의 왕이 된 후, 이스라엘은 보다 강한 나라가 되었습니다. 이스라엘은 주변 나라를 대부분 정복했습니다. 심지어 오랫동안 이스라엘을 괴롭히던 블레셋도 다윗의 적수가 되지 못했습니다. 이스라엘이 강한 나라가 된 이유는 다윗에게 있지 않았습니다. 물론 다윗이 뛰어난 왕이기는 했지만, 다윗의 능력으로 이스라엘이 강해진 것은 아니었습니다. 그 비결은 하나님께 있었습니다. 다윗은 하나님의 도움을 구했고, 하나님은 다윗과 함께하셨습니다. 그 결과 다윗은 전쟁에서 승리했고, 이스라엘은 강한 나라가 되었습니다.

다윗에게 있는 용사의 우두머리는 이러하니라

이 사람들이 온 이스라엘과 더불어

다윗을 힘껏 도와 나라를 얻게 하고 그를 세워 왕으로 삼았으니

이는 여호와께서 이스라엘에 대하여 이르신 말씀대로 함이었더라 (11:10)

이스라엘이 강한 나라가 된 것은 하나님 때문입니다. 다윗이 전쟁에서 승리할 수 있었던 것은 하나님이 다윗과 함께하셨기 때문입니다. 그렇다면 사람의 노력은 전혀 없었을까요? 아닙니다. 하나님의 은혜는 사람을 통해서 전달됩니다. 하나님께서 다윗을 도우신 것도 마찬가지였습니다. 하나님은 다윗에게 좋은 용사들을 주셨습니다. 다윗은 충성된 용사들 때문에 전쟁에서 승리할 수 있었습니다. 지금도 하나님은 충성된 사람들을 사용하십니다. 하나님은 충성된 사람들을 통해서 하나님의 뜻을 이루십니다. 바로 우리가 충성된 하나님의 일꾼이 되어야 합니다.

묵상

이스라엘이 강한 나라가 된 이유는 무엇입니까?

하나님의 은혜는 어떻게 전달됩니까?

기도

하나님. 충성된 용사들 때문에 이스라엘은 강한 나라가 되었습니다. 저희도 충성된 용사가 되게 해 주세요. 하나님의 나라를 위해서 싸우는 충성된 일꾼이 되게 해 주세요. 예수님의 이름으로 기도합니다. 아멘.

사탄이 일어나 다윗을 충동하여 이스라엘을 계수하게 하니라

역대상 21장 | 찬송가 315장. 내 주 되신 주를 참 사랑하고

> 사탄이 일어나 이스라엘을 대적하고 다윗을 충동하여
> 이스라엘을 계수하게 하니라 (21:1)

다윗은 이스라엘 역사상 가장 훌륭한 왕입니다. 그런 다윗조차도 사탄의 유혹에 넘어가서 죄를 지었습니다. 사탄은 지금도 우리를 유혹하고 있습니다. 사탄은 우리가 죄를 짓게 하려고 호시탐탐 기회를 노리고 있습니다. 우리의 힘으로는 사탄의 유혹을 이길 수 없습니다. 하나님의 도움을 받아야만 사탄의 유혹을 이길 수 있습니다. 예수님은 다음과 같이 말씀하셨습니다. "시험에 들지 않게 깨어 기도

하라 마음에는 원이로되 육신이 약하도다"(마 26:41). 하나님은 기도하는 사람에게 사탄의 유혹을 이길 수 있는 힘을 주십니다.

> 하나님이 이 일을 악하게 여기사
> 이스라엘을 치시매 (21:7)

다윗은 사탄의 유혹에 넘어가서 이스라엘의 인구를 조사했습니다. 다윗의 인구 조사는 하나님의 영광을 위한 것이 아니라, 개인의 영광을 위한 일이었습니다. 다윗은 인구 조사를 통해 자신을 높이려고 했습니다. 그래서 하나님은 다윗의 인구 조사를 악하게 보셨습니다. 하나님은 다윗의 죄를 심판하셨습니다. 죄는 하나님의 심판을 불러오는 끔찍한 일입니다. 죄는 반드시 우리의 삶을 비참하게 만듭니다.

> 여호와의 천사가 갓에게 명령하여 다윗에게 이르시기를
> 다윗은 올라가서 여부스 사람 오르난의 타작 마당에서
> 여호와를 위하여 제단을 쌓으라 하신지라 (21:18)

하나님은 다윗에게 제단을 쌓으라고 하셨습니다. 하나님께서 제단을 쌓으라고 하신 장소는 오르난의 타작 마당이었습니다. 그래서 다윗은 오르난에게 땅을 구입해 그 땅에서 제사를 드렸습니다. 그러자 하나님은 다윗의 죄를 용서하셨습니다. 중요한 것은 이후에 이곳에 성전이 건설된다는 사실입니다. 하나님은 다윗을 용서하신 바로 그 자리에 성전이 건설되도록 하셨습니다. 이처럼 성전은 하나님의 용서를 상징합니다. 구약 시대에는 성전을 통해 죄를 용서받았다면, 지금은 예수님을 통해 죄를 용서받습니다. 구약의 성전은 오실 예수

님을 상징하는 장소였습니다.

> 다윗이 거기서 여호와를 위하여 제단을 쌓고
> 번제와 화목제를 드려 여호와께 아뢰었더니
> 여호와께서 하늘에서부터 번제단 위에 불을 내려 응답하시고 (21:26)

다윗이 하나님께 제사를 드리자, 하나님은 하늘에서 불을 내리셨습니다. 하늘에서 내려온 불은 하나님께서 다윗의 제사를 기쁘게 받으셨음을 상징합니다. 구약의 제사는 오늘날의 예배와 같습니다. 하나님께서 다윗의 제사를 기쁘게 받으셨듯이, 하나님은 우리의 예배를 기쁘게 받으십니다. 예배를 기뻐하시는 하나님 앞에서 참된 예배자로 살아가고 있습니까? 최선을 다해 하나님을 예배하고 있습니까?

사탄의 유혹을 이기려면, 무엇을 해야 합니까?

하나님은 어떤 장소에 성전이 건설되게 하셨습니까?

하나님. 하나님은 죄를 미워하시고, 죄 짓는 자를 벌하십니다. 저희가 사탄의 유혹에 넘어가지 않게 도와주세요. 죄를 미워하고 멀리하는 삶을 살게 해 주세요. 예수님의 이름으로 기도합니다. 아멘.

33주

다윗이 죽기 전에 많이 준비하였더라

역대상 22장 | 찬송가 320장. 나의 죄를 정케 하사

> 다윗이 이르되 내 아들 솔로몬은 어리고 미숙하고
>
> 여호와를 위하여 건축할 성전은 극히 웅장하여
>
> 만국에 명성과 영광이 있게 하여야 할지라
>
> 그러므로 내가 이제 그것을 위하여 준비하리라 하고
>
> 다윗이 죽기 전에 많이 준비하였더라 (22:5)

하나님은 성전 건축의 사명을 다윗이 아니라 솔로몬에게 맡기셨습니다. 성전 건축은 다윗에게 허락되지 않은 일이었습니다. 그래서 다윗은 성전 건축을 준비하는 일에 최선을 다했습니다. 다윗은 솔로몬이 성전을 잘 건축할 수 있도록 필요한 재료들을 준비했습니다.

앞에서 다윗은 자신의 힘을 자랑하기 위해 이스라엘의 인구를 조사했다가 하나님의 심판을 받았습니다. 다윗은 그 사건을 통해 사람의 영광이 아니라 하나님의 영광만을 높여야 한다는 사실을 알게 되었습니다. 바로 그것이 다윗이 성전 건축을 준비하는 이유입니다. 다윗은 하나님의 영광을 드러내기 위해 성전 건축을 준비했습니다.

> 여호와의 말씀이 내게 임하여 이르시되
> 너는 피를 심히 많이 흘렸고 크게 전쟁하였느니라
> 네가 내 앞에서 땅에 피를 많이 흘렸은즉
> 내 이름을 위하여 성전을 건축하지 못하리라 (22:8)

왜 하나님은 다윗의 성전 건축을 금하셨을까요? 그 이유는 다윗이 전쟁의 사람이기 때문입니다. 다윗은 사는 동안 많은 전쟁을 치루었고, 많은 사람의 피를 흘리게 했습니다. 반면 솔로몬은 평화의 사람입니다. 다윗이 주변 나라를 대부분 정복했기 때문에, 솔로몬은 전쟁할 이유가 없었습니다. 이처럼 성전은 평화를 상징합니다. 구약의 성전은 참된 성전이신 예수님이 이 땅에 평화를 가져다주실 것을 상징합니다. 실제로 예수님은 우리에게 평화를 가져다주셨습니다. 우리는 예수님을 통해 하나님과 평화를 누립니다.

> 이제 내 아들아 여호와께서 너와 함께 계시기를 원하며
> 네가 형통하여 여호와께서 네게 대하여 말씀하신 대로
> 네 하나님 여호와의 성전을 건축하며 (22:11)

다윗은 솔로몬에게 하나님의 성전을 지으라고 말했습니다. 다윗은 솔로몬이 사람의 영광이 아니라 하나님의 영광을 위해 살아갈 것을

가르쳤습니다. 이처럼 부모는 자녀에게 올바른 목표를 가르쳐야 합니다. 부모는 자녀가 자신의 성공을 위함이 아니라 하나님의 영광을 위해 살아가도록 가르쳐야 합니다. 그리고 자녀는 부모님의 가르침에 순종해야 합니다. 부모님이 하나님의 뜻을 가르칠 때, 거기에 복종해야 합니다.

> 다윗이 또 이스라엘 모든 방백에게 명령하여
> 그의 아들 솔로몬을 도우라 하여 이르되 (22:17)

성전 건축은 솔로몬 혼자서 할 수 있는 일이 아니었습니다. 그래서 다윗은 이스라엘의 지도자들에게 솔로몬을 도우라고 명령했습니다. 이처럼 하나님 나라의 일은 혼자서 할 수 없습니다. 여러 사람이 힘과 지혜를 모아야 합니다. 그래서 우리는 기도해야 합니다. 하나님께서 우리에게 좋은 친구 주시기를, 믿음의 동역자 주시기를 기도해야 합니다. 그리고 우리도 다른 사람에게 좋은 친구, 좋은 동역자가 되어 주어야 합니다. 함께 힘을 모아 하나님 나라를 세우고, 함께 지혜를 모아 교회를 세워 가야 합니다.

왜 다윗은 성전 건축을 준비했습니까?

왜 하나님은 다윗이 아니라, 솔로몬이 성전을
건축하게 하셨습니까?

하나님. 하나님은 성전을 통해 백성들이 평화를 누리게 하셨
습니다. 저희는 참된 성전이신 예수님을 통해 참된 평화를 누
립니다. 예수님이 주시는 평화를 소중하게 생각하고, 예수님
을 더 가까이하게 해 주세요. 예수님의 이름으로 기도합니다.
아멘.

솔로몬을 이스라엘 왕으로 삼고

역대상 23장 | 찬송가 323장. 부름 받아 나선 이 몸

> 다윗이 나이가 많아 늙으매 아들 솔로몬을
> 이스라엘 왕으로 삼고 이스라엘 모든 방백과
> 제사장과 레위 사람을 모았더라 (23:1-2)

다윗은 죽음을 앞두고 두 가지 일을 했습니다. 첫째, 솔로몬을 왕으로 삼았습니다. 이제 솔로몬은 이스라엘의 왕으로서 성전 건축하는 일을 시작해야 합니다. 둘째, 제사장과 레위인을 모았습니다. 이제 제사장과 레위인은 솔로몬이 건축하는 성전에서 봉사해야 합니다. 다윗이 죽음을 앞두고 가장 중요하게 생각한 일은 성전이었습니다. 성전에서 하나님을 예배하는 일이었습니다. 이처럼 우리 삶에서 가

장 중요한 일은 예배입니다. 우리는 어떤 일이 있어도 하나님께 예배하기를 중단하거나 포기하지 말아야 합니다.

> 레위 사람은 삼십 세 이상으로 계수하니
> 모든 남자의 수가 삼만 팔천 명인데 그 중의 이만 사천 명은
> 여호와의 성전의 일을 보살피는 자요
> 육천 명은 관원과 재판관이요 사천 명은 문지기요
> 사천 명은 그가 여호와께 찬송을 드리기 위하여
> 만든 악기로 찬송하는 자들이라 (23:3-5)

성전은 하나님을 예배하는 장소입니다. 성전이 제 기능을 하기 위해서는 성전에서 봉사하는 사람들이 필요합니다. 그래서 다윗은 성전에서 봉사하는 사람들을 조직했습니다. 다윗은 레위 사람들을 행정, 재판, 문지기, 찬양대로 봉사하게 했습니다. 오늘날에도 교회에는 많은 헌신자가 필요합니다. 누군가의 헌신을 통해 교회가 세워지고, 예배가 이루집니다. 교회에서 봉사하고 헌신하는 사람들에게 감사하는 마음을 가져야 합니다. 그리고 우리도 교회를 섬기는 헌신자가 되어야 합니다.

> 다윗이 레위의 아들들을 게르손과 그핫과
> 므라리에 따라 각 반으로 나누었더라 (23:6)

다윗은 레위 지파를 게르손 자손, 그핫 자손, 므라리 자손으로 나누었습니다. 그리고 각각의 자손을 8개의 그룹으로 분리해서, 모두 24개의 그룹으로 나누었습니다. 성전에서 봉사하는 사람들이 잘 조직되었기 때문에, 성전은 제 기능을 할 수 있었습니다. 교회도 마찬가

지입니다. 교회가 제 기능을 하기 위해서는 봉사하는 사람들이 있어야 합니다. 우리는 교회에서 어떤 봉사를 하고 있습니까? 우리는 교회를 위해 어떤 봉사를 할 수 있을까요?

묵상

다윗이 죽음을 앞두고 가장 중요하게 생각한 일은
무엇입니까?

교회가 제 기능을 하기 위해서는 어떤 사람들이 필요합니까?

기도

하나님. 다윗은 성전에서 봉사할 사람들을 조직했습니다. 오
늘날의 교회에도 봉사자들이 필요합니다. 하나님께서 저희에
게 주신 은사를 하나님과 교회를 위해 잘 사용하게 해 주세요.
교회를 사랑하는 마음으로 봉사하게 해 주세요. 예수님의 이
름으로 기도합니다. 아멘.

35주

솔로몬이 여호와의 이름을 위하여 성전을 건축하고

역대하 2장 | 찬송가 324장. 예수 나를 오라 하네

> 솔로몬이 여호와의 이름을 위하여 성전을 건축하고
> 자기 왕위를 위하여 궁궐 건축하기를 결심하니라 (2:1)

세상 왕들은 자기 이름을 위해서 신전을 건축했습니다. 화려한 신전을 건축해서 자신의 이름을 남겼습니다. 솔로몬은 달랐습니다. 솔로몬이 성전을 건축한 목적은 하나님의 이름이었습니다. 솔로몬은 하나님의 이름을 높이기 위해서 성전을 건축했습니다. 이제 솔로몬이 건축한 성전에서, 백성들은 하나님을 예배할 것입니다. 그 결과 하나님의 이름이 높여지게 될 것입니다. 우리가 사는 목적도 하나님

의 영광이어야 합니다. 세상 사람들은 자신의 이름을 위해서 살아가지만, 우리는 하나님의 이름을 위해서 살아가야 합니다.

내가 건축하고자 하는 성전은 크니
우리 하나님은 모든 신들보다 크심이라 (2:5)

솔로몬은 자신이 건축할 성전이 세상에서 가장 크다고 말했습니다. 사실 솔로몬 성전은 그렇게 크지 않았습니다. 솔로몬 성전보다 더 큰 신전들이 많이 있었습니다. 그런데 왜 솔로몬은 자신이 건축할 성전이 세상에서 가장 크다고 말했을까요? 그 이유는 하나님만이 참된 신이시고, 다른 신들은 거짓 신이기 때문입니다. 참된 신을 모시고 있는 성전은 솔로몬 성전밖에 없습니다. 그래서 솔로몬은 자신이 건축할 성전이 가장 크다고 말했던 것입니다. 지금도 수많은 종교가 있고, 수많은 예배가 있습니다. 그중에서 참된 예배는 우리가 하나님께 드리는 예배밖에 없습니다. 예배를 받으시기에 합당한 참된 신은 하나님밖에 없습니다.

후람이 또 이르되
천지를 지으신 이스라엘의 하나님 여호와는 송축을 받으실지로다
다윗 왕에게 지혜로운 아들을 주시고 명철과 총명을 주사
능히 여호와를 위하여 성전을 건축하고
자기 왕위를 위하여 궁궐을 건축하게 하시도다 (2:12)

두로 왕 후람은 솔로몬이 지혜롭다고 칭찬했습니다. 후람이 솔로몬을 칭찬한 이유는 솔로몬이 하나님의 성전을 건축했기 때문입니다. 솔로몬이 하나님을 예배하는 일에 최선을 다했기 때문입니다.

우리도 마찬가지입니다. 우리가 하나님을 예배하기 위해 최선을 다할 때, 하나님은 우리를 칭찬하십니다. 우리가 참된 예배자가 될 때, 하나님은 우리를 지혜로운 사람이라고 하십니다. "여호와를 경외하는 것이 지식의 근본이거늘 미련한 자는 지혜와 훈계를 멸시하느니라"(잠 1:7).

> 내가 이제 재주 있고 총명한 사람을 보내오니
> 전에 내 아버지 후람에게 속하였던 자라 (2:13)

두로 왕 후람은 솜씨 좋은 기술자들을 솔로몬에게 보내 주었습니다. 솔로몬 성전이 잘 건축될 수 있었던 것은 탁월한 기술자들이 있었기 때문입니다. 우리가 하나님을 섬기는 데도 은사와 기술이 필요합니다. 실력 있는 사람만 하나님을 섬길 수 있는 것은 아니지만, 하나님의 일꾼이 되기 위해 실력을 키우는 것은 칭찬받을 만한 일입니다. 하나님의 일꾼이 되기 위해 지금부터 최선을 다해 우리의 실력과 재능을 키워 갑시다.

묵상

솔로몬이 성전을 건축한 목적은 무엇입니까?

왜 솔로몬 성전이 가장 큰 성전입니까?

기도

하나님. 하나님은 가장 크신 신이십니다. 하나님만이 참된 신
이십니다. 저희가 하나님을 최고로 높이는 삶을 살게 해 주세
요. 저희의 삶을 통해 하나님의 크심이 드러나게 해 주세요. 하
나님의 영광을 위해 살게 해 주세요. 예수님의 이름으로 기도
합니다. 아멘.

36주

아사가 왕이 되니 십 년 동안 평안하니라

역대하 14장 | 찬송가 325장. 예수가 함께 계시니

> 아비야가 그의 조상들과 함께 누우매
> 다윗 성에 장사되고
> 그의 아들 아사가 대신하여 왕이 되니
> 그의 시대에 그의 땅이 십 년 동안 평안하니라 (14:1)

아사가 유다의 왕이 되었습니다. 아사가 왕이 된 후, 유다에 평화가 도래했습니다. 아사 시절에 유다에 평화가 임한 이유는 무엇일까요?

> 유다 사람에게 명하여
> 그 조상들의 하나님 여호와를 찾게 하며
> 그의 율법과 명령을 행하게 하고
> 또 유다 모든 성읍에서 산당과 태양상을 없애매
> 나라가 그 앞에서 평안함을 누리니라 (14:4-5)

아사 시절에 유다에 평화가 임한 이유는 아사의 종교 개혁 때문입니다. 아사의 종교 개혁은 두 가지 형태로 이루어졌습니다. 첫째, 아사는 백성들이 율법을 행하도록 했습니다. 둘째, 아사는 유다에서 우상을 제거했습니다. 우리가 평화를 누리는 방법도 동일합니다. 하나님의 말씀과 상관없이 살아간다면, 하나님보다 다른 것을 더 사랑한다면, 절대로 평화를 누릴 수 없습니다. 평화는 하나님께서 주시는 선물이기 때문입니다.

> 여호와께서 아사에게 평안을 주셨으므로
> 그 땅이 평안하여 여러 해 싸움이 없은지라
> 그가 견고한 성읍들을 유다에 건축하니라 (14:6)

아사가 다스리던 시절에는 전쟁이 없었습니다. 덕분에 유다 백성들은 전쟁 없이 평화로운 시절을 보낼 수 있었습니다. 왜 아사 시절에는 전쟁이 없었을까요? 하나님께서 아사에게 평화를 주셨기 때문입니다. 하나님께서 전쟁으로부터 아사를 보호하셨기 때문입니다. 세상은 실력과 능력이 있어야 평화를 누린다고 생각합니다. 물론 실력과 능력은 중요합니다. 하지만 그것보다 더 중요한 것이 있습니다. 하나님의 은혜입니다. 하나님의 은혜만이 참된 평화를 누리게 합니다.

> 구스 사람 세라가 그들을 치려 하여
>
> 군사 백만 명과 병거 삼백 대를 거느리고 마레사에 이르매
>
> 아사가 마주 나가서 마레사의 스바다 골짜기에 전열을 갖추고
>
> 아사가 그의 하나님 여호와께 부르짖어 이르되
>
> 여호와여 힘이 강한 자와 약한 자 사이에는 주밖에 도와 줄 이가 없사오니
>
> 우리 하나님 여호와여 우리를 도우소서 (14:9-11)

구스 군대가 유다를 공격했습니다. 구스의 군사력은 백만 명이었습니다. 유다의 두 배가 넘었습니다. 그래서 아사는 다음과 같이 기도했습니다. "힘이 강한 자와 약한 자 사이에는 주밖에 도와 줄 이가 없사오니 우리 하나님 여호와여 우리를 도우소서." 하나님은 아사의 기도를 들으셨습니다. 하나님은 아사에게 승리를 주셨습니다. 이처럼 이기고 지는 것은 하나님께 달려 있습니다. 우리는 자신의 실력을 의지하기보다 하나님의 도움을 의지하는 자가 되어야 합니다.

묵상

아사 시절에 유다에 평화가 임한 이유는 무엇입니까?

아사 시절에 전쟁이 없었던 이유는 무엇입니까?

기도

하나님. 아사는 말씀에 순종하고 우상을 제거하여 평화를 누렸습니다. 저희도 말씀에 순종하고 우상을 멀리하는 삶을 살게 해 주세요. 하나님의 도움에만 의지하는 삶 살게 해 주세요. 예수님의 이름으로 기도합니다. 아멘.

37주

여호와께서 여호사밧과 함께하셨으니

역대하 17–19장 | 찬송가 326장. 내 죄를 회개하고

> 아사의 아들 여호사밧이 대신하여 왕이 되어
> 스스로 강하게 하여 이스라엘을 방어하되
> 유다 모든 견고한 성읍에 군대를 주둔시키고
> 또 유다 땅과 그의 아버지 아사가 정복한 에브라임 성읍들에
> 영문을 두었더라 (17:1–2)

여호사밧은 유다의 의로운 왕 중 한 명입니다. 여호사밧의 업적 중 하나는 이스라엘의 공격을 막기 위해 국경 지대에 요새를 건설한 일입니다. 여호사밧의 삶을 통해 알 수 있듯이, 하나님을 의지하는 삶이란 아무것도 하지 않는 것을 의미하지 않습니다. 하나님을 의지

한다는 것은 자신이 할 수 있는 일에는 최선을 다하고, 자신이 할 수 없는 일은 하나님께 맡기는 것입니다. 예를 들어 요새를 건설하는 것은 여호사밧이 할 수 있는 일입니다. 반면 전쟁에서 승리하는 것은 하나님께 달린 일입니다. 여호사밧은 자신이 할 수 있는 일에는 최선을 다했습니다. 우리도 우리가 할 수 있는 일에는 최선을 다해야 합니다.

> 여호와께서 여호사밧과 함께 하셨으니
> 이는 그가 그의 조상 다윗의 처음 길로 행하여
> 바알들에게 구하지 아니하고
> 오직 그의 아버지의 하나님께 구하며
> 그의 계명을 행하고 이스라엘의 행위를 따르지 아니하였음이라
> 그러므로 여호와께서 나라를 그의 손에서 견고하게 하시매
> 유다 무리가 여호사밧에게 예물을 드렸으므로
> 그가 부귀와 영광을 크게 떨쳤더라 (17:3-5)

여호사밧은 부귀와 영광을 누렸습니다. 그 이유는 다음과 같습니다. 첫째, 여호사밧은 바알과 같은 우상을 의지하지 않았습니다. 둘째, 여호사밧은 하나님의 말씀을 행했습니다. 셋째, 여호사밧은 타락한 이스라엘 사람들의 행위를 따르지 않았습니다.

> 여호사밧이 부귀와 영광을 크게 떨쳤고
> 아합 가문과 혼인함으로 인적 관계를 맺었더라 (18:1)

여호사밧은 의로운 왕이었습니다. 하지만 여호사밧의 삶에도 어두운 면이 있었습니다. 대표적인 사건이 아합의 딸 아달랴를 며느리로

맞이한 것입니다. 아달랴는 바알 숭배자였습니다. 이후에 아달랴는 하나님의 선지자들을 죽이고, 유다 백성들이 바알을 숭배하도록 만들었습니다.

선견자 예후가 나가서 여호사밧 왕을 맞아 이르되
왕이 악한 자를 돕고 여호와를 미워하는 자들을 사랑하는 것이 옳으니이까
그러므로 여호와께로부터 진노하심이 왕에게 임하리이다
그러나 왕에게 선한 일도 있으니
이는 왕이 아세라 목상들을 이 땅에서 없애고
마음을 기울여 하나님을 찾음이니이다 하였더라 (19:2-3)

하나님은 여호사밧이 아합과 가까이 지내는 것을 좋아하지 않으셨습니다. 하나님은 예후 선지자를 보내셔서 여호사밧을 책망하셨습니다. 여호사밧은 예후의 책망을 듣고 기분 나빠하지 않았습니다. 오히려 진심으로 자신의 죄를 회개했습니다. 그러자 하나님은 여호사밧을 용서하셨습니다. 유다에는 다시 평화가 찾아왔습니다.

하나님을 의지하는 삶이란 어떠한 삶입니까?

여호사밧의 삶에서 어두운 일은 무엇입니까?

기도

하나님. 여호사밧은 죄를 지은 후에 선지자의 책망을 듣고 진심으로 회개했습니다. 저희도 죄를 지은 후에 하나님의 말씀을 듣고서 진심으로 회개하게 해 주세요. 뻔뻔하게 계속 죄를 짓지 않게 해 주세요. 예수님의 이름으로 기도합니다. 아멘.

38주

히스기야가 여호와의 전 문들을 열고 수리하고

역대하 29–30장 | 찬송가 330장. 어둔 밤 쉬 되리니

> 히스기야가 왕위에 오를 때에 나이가 이십오 세라…
> 첫째 해 첫째 달에 여호와의 전 문들을 열고 수리하고 (29:1–3)

히스기야가 왕이 된 후 제일 처음 한 일은 닫혀 있던 성전 문을 열고 성전을 수리한 일이었습니다. 히스기야의 아버지 아하스는 우상 숭배자였습니다. 아하스가 통치하던 동안 성전의 문은 닫혀 있었고, 성전은 훼손되어 있었습니다. 히스기야가 왕이 되자마자 성전을 수리한 이유는 무엇일까요? 성전은 하나님을 예배하는 장소이기 때문입니다. 하나님을 예배하는 일이 그 무엇보다 중요하기 때문입니다.

히스기야 당시의 유다는 국력이 매우 약했습니다. 유다는 중요한 도시들을 대부분 앗수르에게 빼앗긴 상태였습니다. 아마 그 당시 사람들은 유다의 국력이 약해진 이유를 군사력 때문이라고 생각했을 것입니다. 하지만 히스기야는 문제의 본질을 정확하게 알고 있었습니다. 히스기야는 유다의 국력이 약해진 이유가 성전에서 하나님을 예배하지 않았기 때문임을 알았습니다. 유다의 국력이 약해진 이유는 하나님께서 유다를 버리셨기 때문이었습니다. 바로 이것이 히스기야가 성전을 수리한 이유입니다. 히스기야는 예배를 회복해야만 유다가 회복될 수 있다는 사실을 알았습니다.

유다 왕 히스기야는 성전을 수리한 후, 성전에서 유월절을 지키려고 했습니다. 히스기야는 유다 백성뿐만 아니라, 이스라엘 백성들에게도 유월절을 지키자고 말했습니다. 유다와 이스라엘은 오랫동안 전쟁한 원수 같은 사이입니다. 그럼에도 히스기야는 이스라엘 백성들을 예배의 자리로 초청했습니다. 이스라엘 백성들도 하나님의 은혜가 필요하다고 믿었기 때문입니다. 우리의 이웃들도 하나님의 은혜

가 필요합니다. 이웃들을 예배의 자리로, 은혜의 자리로 초대하기
위해 노력합시다.

> 예루살렘에 큰 기쁨이 있었으니
> 이스라엘 왕 다윗의 아들 솔로몬 때로부터
> 이러한 기쁨이 예루살렘에 없었더라 (30:26)

유다와 이스라엘 백성들은 유월절을 지켰습니다. 온 백성이 힘을 다
해 하나님을 예배했습니다. 그러자 하나님께서 백성들에게 은혜를
주셨습니다. 하나님의 은혜가 임하자 백성들의 마음에는 기쁨이 생
겨났습니다. 유월절에 경험한 기쁨은 이전에는 경험하지 못한 특별
한 기쁨이었습니다. 이처럼 하나님은 예배하는 자에게 기쁨을 주십
니다. 하나님께서 주시는 기쁨은 세상에서 경험할 수 없는 특별한
기쁨입니다.

묵상

히스기야가 왕이 되고 처음으로 한 일은 무엇입니까?

히스기야는 유다의 국력이 약해진 이유가 무엇 때문이라고
생각했습니까?

기도

하나님. 하나님은 유월절을 지킨 자들에게 특별한 은혜를 베
푸셨습니다. 저희가 하나님을 예배할 때도 그와 같은 은혜 주
시기를 원합니다. 예배를 통해 세상이 줄 수 없는 기쁨을 부어
주시고, 감사가 넘치게 해 주세요. 예수님의 이름으로 기도합
니다. 아멘.

39주

요시야가 예루살렘에서 여호와께 유월절을 지켜

역대하 34–35장 | 찬송가 331장. 영광을 받으신 만유의 주여

요시야가 왕위에 오를 때에 나이가 팔 세라

예루살렘에서 삼십일 년 동안 다스리며 여호와 보시기에 정직하게 행하여

그의 조상 다윗의 길로 걸으며 좌우로 치우치지 아니하고

아직도 어렸을 때 곧 왕위에 있은 지 팔 년에

그의 조상 다윗의 하나님을 비로소 찾고

제십이년에 유다와 예루살렘을 비로소 정결하게 하여

그 산당들과 아세라 목상들과 아로새긴 우상들과

부어 만든 우상들을 제거하여 버리매 (34:1-3)

유다 왕 요시야는 31년 동안 통치했습니다. 요시야는 8세에 왕이 되

었고, 16세에 하나님을 찾았으며, 26세에 율법을 가르쳤습니다. 그리고 역사상 가장 성대하게 유월절을 지켰습니다. 요시야는 유다를 개혁하려고 노력한 마지막 왕이었습니다.

> 너희는 가서 나와 및 이스라엘과 유다의 남은 자들을 위하여
> 이 발견한 책의 말씀에 대하여 여호와께 물으라
> 우리 조상들이 여호와의 말씀을 지키지 아니하고
> 이 책에 기록된 모든 것을 준행하지 아니하였으므로
> 여호와께서 우리에게 쏟으신 진노가 크도다 하니라 (34:21)

요시야의 신하들은 성전을 수리하다가 숨겨진 율법책을 찾았습니다. 신하들은 요시야에게 율법책을 가져다주었고, 요시야는 율법책을 꼼꼼하게 읽어 보았습니다. 율법책을 읽은 요시야는 유다가 멸망할지 모른다는 두려움을 가지게 되었습니다. 율법책에 따르면, 유다 백성들은 율법과 상관없는 삶을 살고 있었고, 율법을 지키지 않는 자들에게는 하나님의 심판이 약속되어 있었기 때문입니다.

> 내가 이 곳과 그 주민을 가리켜 말한 것을
> 네가 듣고 마음이 연약하여 하나님 앞 곧 내 앞에서 겸손하여
> 옷을 찢고 통곡하였으므로 나도 네 말을 들었노라 여호와가 말하였느니라
> 그러므로 내가 네게 너의 조상들에게 돌아가서 평안히 묘실로 들어가게 하리니
> 내가 이 곳과 그 주민에게 내리는 모든 재앙을
> 네가 눈으로 보지 못하리라 하셨느니라
> 이에 사신들이 왕에게 복명하니라 (34:27-28)

요시야는 율법책을 읽은 후 옷을 찢고 통곡했습니다. 지금까지 하나

님의 말씀대로 살지 않았다는 사실이 너무 슬펐기 때문입니다. 하나님은 그런 요시야의 모습을 매우 마음에 들어 하셨습니다. 그래서 하나님은 요시야에게 평안한 죽음을 약속하셨습니다. 하나님의 약속대로 요시야는 유다의 멸망을 보지 않고 하나님 곁으로 갔습니다.

요시야가 예루살렘에서 여호와께 유월절을 지켜
첫째 달 열넷째 날에 유월절 어린 양을 잡으니라 (35:1)

유다 백성들이 율법을 지키지 않았으므로, 유다의 멸망은 기정사실이었습니다. 하지만 요시야는 포기하지 않았습니다. 요시야는 백성들이 하나님께 돌아가도록 최선을 다했습니다. 온 백성들이 유월절을 지키게 했습니다. 여지껏 요시야처럼 유월절을 지킨 왕은 없었습니다(18절).

요시야가 율법책을 읽고 두려워한 이유는 무엇입니까?

요시야가 역대 그 어떤 왕보다 성대하게 치른 행사는
무엇입니까?

하나님. 요시야는 율법책을 읽고 자기 죄를 회개했습니다. 저
희도 말씀 속에서 죄를 발견하게 해 주세요. 말씀을 묵상하며,
말씀대로 살며, 날마다 거룩해지게 해 주세요. 예수님의 이름
으로 기도합니다. 아멘.

일주일에 한 번,
온 가족 말씀 동행 프로젝트

에스라

40주

여호와께서 나에게 명령하사
유다 예루살렘에 성전을 건축하라 하셨나니

에스라 1장 | 찬송가 336장. 환난과 핍박 중에도

바사 왕 고레스 원년에
여호와께서 예레미야의 입을 통하여 하신 말씀을 이루게 하시려고
바사 왕 고레스의 마음을 감동시키시매
그가 온 나라에 공포도 하고 조서도 내려 이르되 (1:1)

이스라엘이 바벨론의 포로가 된 지 70년이 지났습니다. 오래전 하나님께서는 예레미야 선지자를 통해 이스라엘의 포로 생활이 70년이라고 하셨습니다(렘 25:11). 하나님의 말씀대로 70년이 지났을 때, 바벨론이 멸망하고 '바사'라고 하는 새로운 제국이 등장했습니다. 흔

히 '페르시아'라고 부르는 나라입니다. 바사 왕 고레스는 예레미야 말대로 이스라엘에게 해방을 선언했습니다.

왜 고레스는 이스라엘에게 해방을 선언했을까요? 하나님께서 고레스에게 명령하셨기 때문입니다. 하나님께서 어떤 식으로 말씀하셨는지 알 수 없지만, 하나님께서 고레스에게 이스라엘의 해방을 명령하신 것은 분명합니다. 이처럼 하나님은 자신의 뜻을 이루시기 위해 세상의 왕들도 사용하십니다. 창조주이신 하나님은 자신의 계획을 이루기 위해 무엇이든 사용하실 수 있습니다. 그래서 하나님의 뜻과 계획은 반드시 이루어집니다.

유대인 중 상당수는 바벨론에 그대로 남는 것을 선택했습니다. 이미 70년이나 바벨론에서 살았기에, 대부분의 유대인에게 바벨론은 제2의 고향이나 마찬가지였기 때문입니다. 하지만 익숙한 바벨론을 떠나 예루살렘으로 향한 사람들도 있었습니다. 그들은 하나님의 영광을 무엇보다 중요하게 생각한 사람들이었습니다. 그들은 예루살렘 성전이 황폐하게 남아 있는 것을 참을 수 없었습니다. 그들은 하나님의 성전을 재건하기 위해 모든 것을 내려놓고 예루살렘으로 떠났습니다.

그 사면 사람들이 은 그릇과 금과 물품들과 짐승과 보물로 돕고
그 외에도 예물을 기쁘게 드렸더라 (1:6)

소수의 사람들은 하나님의 영광을 위해 바벨론을 떠나는 것을 선택
했습니다. 그들은 하나님의 성전을 건축하기 위해 자신을 희생하기
로 결심했습니다. 그러자 주위 사람들이 금과 은, 가축과 물품을 제
공해 주었습니다. 하나님께서 주위 사람들의 마음을 움직이신 결과
였습니다. 하나님은 하나님의 영광을 위해 자신을 희생하는 자들에
게 필요한 것들을 공급해 주셨습니다. 하나님은 하나님의 영광을 위
해 사는 자들에게 은혜를 베푸시는 분이십니다.

묵상

유대인들에게 해방을 선언한 페르시아 왕은 누구입니까?

유대인들이 70년 동안 포로 생활할 것이라고 예언한 선지자
는 누구입니까?

기도

하나님. 소수의 유대인들은 하나님의 성전을 건축하기 위해
익숙한 바벨론을 떠났습니다. 저희도 하나님의 영광을 위해
자신을 희생할 줄 아는 삶을 살게 해 주세요. 예수님의 이름으
로 기도합니다. 아멘.

하나님의 성전을 다시 건축하기 시작하매

에스라 2-5장 | 찬송가 337장. 내 모든 시험 무거운 짐을

옛적에 바벨론 왕 느부갓네살에게 사로잡혀

바벨론으로 갔던 자들의 자손들 중에서 놓임을 받고

예루살렘과 유다 도로 돌아와 각기 각자의 성읍으로 돌아간 자

곧 스룹바벨과 예수아와 느헤미야와 스라야와 르엘라야와

모르드개와 빌산과 미스발과 비그왜와 르훔과 바아나 등과 함께 나온

이스라엘 백성의 명수가 이러하니 (2:1-2)

성경에는 바벨론을 떠나 예루살렘으로 돌아온 유대인들의 이름이
기록되어 있습니다. 대표적인 사람이 총독 스룹바벨과 대제사장 여
호수아입니다. 왜 하나님은 이들의 이름이 성경에 기록되게 하셨을

까요? 하나님께서 이들을 소중하게 여기셨기 때문입니다. 하나님은 이들의 이름이 후대에도 기억되기를 원하셨기 때문입니다. 이처럼 하나님은 하나님의 영광을 위해 자신을 희생하는 사람들을 소중하게 여기십니다.

> 제사장들과 레위 사람들과 나이 많은 족장들은 첫 성전을 보았으므로
> 이제 이 성전의 기초가 놓임을 보고 대성통곡하였으나
> 여러 사람은 기쁨으로 크게 함성을 지르니 (3:12)

바벨론에서 돌아온 유대인들은 성전 기초 공사를 시작했습니다. 유대인들은 성전 공사가 시작된다는 사실에 감격하여 함성을 질렀습니다. 하지만 어떤 유대인들은 눈물을 흘렸습니다. 그들은 첫 성전을 보았던 사람들이었습니다. 크고 화려한 솔로몬 성전을 보았던 사람들이 보기에 새 성전은 너무 작고 초라해 보였습니다. 하지만 하나님은 외모보다 내면을 보시는 분입니다. 성전의 크기보다 성전에서 예배하는 자들의 믿음을 더 중시하는 분입니다. 비록 두 번째 성전은 첫 번째 성전보다 작고 초라했지만, 하나님은 두 번째 성전도 기쁘게 받아 주셨습니다.

> 이로부터 그 땅 백성이 유다 백성의 손을 약하게 하여
> 그 건축을 방해하되 (4:4)

바벨론에서 돌아온 유대인들은 예루살렘에 성전을 건축하기 시작했습니다. 이 사실을 이방인들이 들었습니다. 이방인들은 유대인들이 성전을 건축하는 것을 원하지 않았습니다. 그래서 이방인들은 유대인들의 성전 건축을 방해했습니다. 심지어 페르시아 왕에게 편지

를 보내 유대인들을 모함하기까지 했습니다. 그 결과 유대인들의 성전 건축은 오랫동안 중단되었습니다. 우리가 하나님의 일을 하는 것도 마찬가지입니다. 사탄은 우리가 하나님을 위해 사는 것을 원하지 않습니다. 그래서 우리를 방해하고 시험합니다. 따라서 우리는 하나님의 일을 할 때마다 하나님의 도움을 구하고, 사탄의 방해와 싸워야 합니다.

> 선지자들 곧 선지자 학개와 잇도의 손자 스가랴가
> 이스라엘의 하나님의 이름으로
> 유다와 예루살렘에 거주하는 유다 사람들에게 예언하였더니
> 이에 스알디엘의 아들 스룹바벨과 요사닥의 아들 예수아가 일어나
> 예루살렘에 있던 하나님의 성전을 다시 건축하기 시작하매
> 하나님의 선지자들이 함께 있어 그들을 돕더니 (5:1-2)

유대인들은 이방인들의 방해가 두려워서 성전 건축을 중단했습니다. 그때 하나님은 선지자들을 보내셨습니다. 학개와 스가랴입니다. 유대인들은 선지자들을 통해 다시 용기를 얻었습니다. 그리고 다시 성전 건축을 시작했습니다.

왜 하나님은 바벨론에서 돌아온 유대인들의 이름이 성경에
기록되게 하셨습니까?

유대인들이 성전 공사를 다시 시작하도록 독려한 선지자들은
누구입니까?

하나님. 유대인들은 성전 건축을 중단했다가 다시 시작했습니
다. 저희도 말씀대로 사는 것이 힘들 때가 있습니다. 그때마다
저희에게 힘과 용기를 주셔서 다시 하나님의 말씀대로 살게
해 주세요. 예수님의 이름으로 기도합니다. 아멘.

다리오 왕 제육년 아달월 삼일에 성전 일을 끝내니라

에스라 6장 | 찬송가 338장. 내 주를 가까이하게 함은

> 이에 다리오 왕이 조서를 내려
> 문서창고 곧 바벨론의 보물을 쌓아둔 보물전각에서 조사하게 하여
> 메대도 악메다 궁성에서 한 두루마리를 찾았으니
> 거기에 기록하였으되 고레스 왕 원년에 조서를 내려 이르기를
> 예루살렘에 있는 하나님의 성전에 대하여 이르노니
> 이 성전 곧 제사 드리는 처소를 건축하되…
> 그 경비는 다 왕실에서 내리라 (6:1-4)

유대인들은 고레스 왕의 명령에 따라 성전을 건축했다고 말했습니다. 이에 다리오 왕은 유대인들의 말이 사실인지 조사했습니다. 과연 유대인들의 말은 사실이었습니다. 다리오 왕은 실제로 고레스 왕이 성전 건축을 명령했다는 증거를 찾았습니다. 하나님은 유대인들이 어려움을 극복하고 다시 성전을 건축할 수 있도록 도와주셨습니다. 우리가 하나님의 일을 할 때도 마찬가지입니다. 많은 어려움과 방해가 있습니다. 하지만 하나님이 우리와 함께하시고 도우십니다.

> 내가 또 조서를 내려서 하나님의 이 성전을 건축함에 대하여
> 너희가 유다 사람의 장로들에게 행할 것을 알리노니
> 왕의 재산 곧 유브라데 강 건너편에서 거둔 세금 중에서
> 그 경비를 이 사람들에게 끊임없이 주어 그들로 멈추지 않게 하라
> 또 그들이 필요로 하는 것 곧 하늘의 하나님께 드릴 번제의
> 수송아지와 숫양과 어린 양과 또 밀과 소금과 포도주와 기름을
> 예루살렘 제사장의 요구대로 어김없이 날마다 주어
> 그들이 하늘의 하나님께 향기로운 제물을 드려
> 왕과 왕자들의 생명을 위하여 기도하게 하라 (6:8-10)

다리오 왕은 성전 건축을 허락하기만 한 것이 아니었습니다. 다리오 왕은 이방인들에게 유대인들의 성전 건축을 도우라고 명령했습니다. 그 결과 유대인들은 방해했던 이방인들은 하루아침에 유대인들의 협력자가 되었습니다. 하나님께서 우리를 돕기 시작하시면, 세상의 방해는 아무것도 아닙니다.

마침내 두 번째 성전이 완성되었습니다. 두 번째 성전은 당시 총독의 이름을 따라 스룹바벨 성전이라고 합니다. 성전을 다시 건축하는 것은 쉬운 일이 아니었습니다. 이방인들의 방해와 공격이 따르는 일이었습니다. 하지만 성전 건축의 목적이 하나님의 영광이었기에, 하나님은 유대인들을 위해 일하셨습니다. 유대인들이 어려움과 문제를 극복하도록 도우셨습니다. 우리도 하나님의 영광을 위해서 살아갈 때, 하나님의 도우심을 경험할 수 있습니다.

중단된 성전 건축을 다시 시작할 수 있도록 허락한 왕은
누구입니까?

다리오 왕은 성전 건축을 방해한 이방인들에게 어떤
명령을 내렸습니까?

기도

하나님. 하나님은 유대인들의 성전 건축을 도와주셨습니다.
저희가 하나님을 위해 살아갈 때도, 하나님께서 저희를 도와
주실 줄 믿습니다. 저희와 항상 함께하시고, 저희를 도와주세
요. 예수님의 이름으로 기도합니다. 아멘.

43주

에스라라 하는 자가 있으니라

에스라 7-10장 | 찬송가 341장. 십자가를 내가 지고

> 이 일 후에 바사 왕 아닥사스다가 왕위에 있을 때에
> 에스라라 하는 자가 있으니라 그는 스라야의 아들이요
> 아사랴의 손자요 힐기야의 증손이요
> 살룸의 현손이요 사독의 오대 손이요 (7:1-2)

성전이 완성되었습니다. 하지만 성전만으로 충분하지 않았습니다. 성전에서 일할 제사장과 레위인이 필요했습니다. 무엇보다도 율법 교사가 필요했습니다. 반드시 율법대로 제사를 드려야 했기 때문입니다. 하나님은 꼭 필요한 사람을 예비하셨습니다. 그의 이름은 에스라입니다. 에스라는 율법에 능통한 사람이었고, 사독 제사장의

후손이었습니다.

에스라는 페르시아 왕의 총애를 받는 사람이었습니다. 에스라는 페르시아에서 부귀와 영화를 누릴 수 있었습니다. 하지만 에스라는 자신의 부귀영화보다 하나님의 영광을 더 소중하게 생각했습니다. 성전의 회복을 더 중요하게 생각했습니다. 그러기 위해서는 성전에서 봉사할 레위인들이 필요했습니다. 그래서 에스라는 레위인들을 모았습니다. 하나님은 에스라에게 성전에서 봉사할 레위인들을 보내주셨습니다.

마침내 에스라는 예루살렘에 도착했습니다. 예루살렘에 도착한 에스라는 충격적인 사실을 알게 되었습니다. 유대인들이 이방인들과 결혼하여 함께 살고 있었던 것입니다. 그것은 유대인들이 하나님의 말씀대로 살기를 포기했다는 증거였습니다. 그래서 에스라는 하나님 앞에 엎드려서 울었습니다. 울면서 기도했습니다. 에스라는 유대인들의 죄를 자신의 죄처럼 자백했습니다.

> 제사장 에스라가 일어나 그들에게 이르되
> 너희가 범죄하여 이방 여자를 아내로 삼아 이스라엘의 죄를 더하게 하였으니
> 이제 너희 조상들의 하나님 앞에서 죄를 자복하고 그의 뜻대로 행하여
> 그 지방 사람들과 이방 여인을 끊어 버리라 하니
> 모든 회중이 큰 소리로 대답하여 이르되
> 당신의 말씀대로 우리가 마땅히 행할 것이니이다 (10:10-12)

유대인들은 에스라를 통해 자신들의 잘못을 알게 되었습니다. 유대인들은 하나님 앞에 회개했습니다. 그리고 이방 여인들을 고향으로 돌려보냈습니다. 유대인들은 입으로만 회개하지 않았습니다. 행동으로 회개했습니다. 우리도 마찬가지입니다. 참된 회개는 입으로만 잘못을 고백하는 것이 아닙니다. 잘못된 행동을 고치고, 다시 반복하지 않는 것이 진정한 회개입니다.

묵상

하나님께서 예비하신 율법 교사는 누구입니까?

예루살렘에 도착한 에스라는 어떤 사실을 알게 되었습니까?

기도

하나님. 유대인들은 진심으로 회개했습니다. 행동으로 회개했습니다. 저희도 죄를 짓고 잘못을 알게 되었을 때, 진정으로 회개하게 해 주세요. 잘못된 행동을 다시 반복하지 않게 해 주세요. 예수님의 이름으로 기도합니다. 아멘.

일주일에 한 번,
온 가족 말씀 동행 프로젝트

느헤미야

44주

예루살렘 성은 허물어지고
성문들은 불탔다 하는지라

느헤미야 1–2장 | 찬송가 342장. 너 시험을 당해

> 하가랴의 아들 느헤미야의 말이라 아닥사스다 왕 제이십 년 기슬르월에
> 내가 수산 궁에 있는데 내 형제들 가운데 하나인 하나니가
> 두어 사람과 함께 유다에서 내게 이르렀기로
> 내가 그 사로잡힘을 면하고 남아 있는 유다와 예루살렘 사람들의
> 형편을 물은즉 그들이 내게 이르되 사로잡힘을 면하고
> 남아 있는 자들이 그 지방 거기에서 큰 환난을 당하고
> 능욕을 받으며 예루살렘 성은 허물어지고 성문들은 불탔다 하는지라 (1:1-3)

느헤미야는 페르시아 왕의 측근이었습니다. 느헤미야는 페르시아
에서 얼마든지 편안한 삶을 살 수 있었습니다. 하지만 느헤미야는

예루살렘 성이 무너졌다는 소식을 들었기 때문에 도저히 페르시아에 머물 수 없었습니다. 느헤미야는 편안한 삶을 뒤로하고 예루살렘으로 떠났습니다.

> 내가 이 말을 듣고 앉아서 울고 수일 동안 슬퍼하며
> 하늘의 하나님 앞에 금식하며 기도하여 이르되
> 하늘의 하나님 여호와 크고 두려우신 하나님이여
> 주를 사랑하고 주의 계명을 지키는 자에게
> 언약을 지키시며 긍휼을 베푸시는 주여 간구하나이다 (1:4-5)

느헤미야는 예루살렘으로 돌아가서, 성벽을 재건하기로 결심했습니다. 느헤미야가 예루살렘으로 돌아가기로 결심한 후 가장 먼저 한 일은, 기도였습니다. 느헤미야는 하나님의 도움 없이는 아무것도 할 수 없다는 사실을 알았습니다.

> 내가 또 왕에게 아뢰되 왕이 만일 좋게 여기시거든
> 강 서쪽 총독들에게 내리시는 조서를 내게 주사
> 그들이 나를 용납하여 유다에 들어가기까지 통과하게 하시고
> 또 왕의 삼림 감독 아삽에게 조서를 내리사
> 그가 성전에 속한 영문의 문과 성곽과 내가 들어갈 집을 위하여
> 들보로 쓸 재목을 내게 주게 하옵소서 하매
> 내 하나님의 선한 손이 나를 도우시므로 왕이 허락하고 (2:7-8)

느헤미야는 하나님께 기도했습니다. 그러자 놀라운 일들이 일어났습니다. 페르시아 왕이 먼저 느헤미야에게 무엇이 필요한지 물었습니다. 이에 느헤미야는 성벽을 건축하는 데 필요한 재료들을 요구

했습니다. 왕은 느헤미야의 요구를 허락해 주었습니다. 느헤미야가 하나님을 위해 일하자, 하나님도 느헤미야를 위해 일하셨습니다.

> 호론 사람 산발랏과 종이었던 암몬 사람 도비야가
> 이스라엘 자손을 흥왕하게 하려는 사람이
> 왔다 함을 듣고 심히 근심하더라 (2:10)

느헤미야는 무너진 성벽을 재건하기 위해 예루살렘으로 왔습니다. 이 소식을 이방인들이 들었습니다. 이방인들은 근심했습니다. 그들은 예루살렘 성벽이 계속 무너진 상태로 남아 있기를 원했습니다. 과연 느헤미야는 이방인들의 방해를 이겨 내고, 성벽을 재건할 수 있을까요?

왜 느헤미야는 페르시아를 떠나 예루살렘으로 가기로
결심했습니까?

느헤미야가 예루살렘으로 가기로 결심한 후 가장 먼저
한 일은 무엇입니까?

기도

하나님. 느헤미야는 일을 시작하기 전에 가장 먼저 기도를 했
습니다. 저희도 어떤 일을 하든지 기도로 준비하게 해 주세요.
무슨 일을 하든지 하나님의 도움을 구하고 하나님의 도움을
경험하게 해 주세요. 예수님의 이름으로 기도합니다. 아멘.

45주

우리 하나님이여 들으시옵소서
우리가 업신여김을 당하나이다

느헤미야 3-4장 | 찬송가 348장. 마귀들과 싸울지라

> 그 때에 대제사장 엘리아십이 그의 형제 제사장들과 함께 일어나
> 양문을 건축하여 성별하고 문짝을 달고 또 성벽을 건축하여
> 함메아 망대에서부터 하나넬 망대까지 성별하였고 (3:1)

성벽을 재건하는 일은 순조롭게 진행되었습니다. 그 이유는 엘리아십과 같은 지도자들이 앞장서서 솔선수범했기 때문입니다. 지도자들이 먼저 모범을 보이자, 다른 유대인들도 성벽 재건에 헌신하기 시작했습니다. 우리도 솔선수범하는 사람이 되어야 합니다. 힘든 일을 가장 먼저 하는 사람이 되어야 합니다.

> 그 다음은 드고아 사람들이 중수하였으나
> 그 귀족들은 그들의 주인들의 공사를
> 분담하지 아니하였으며… 그 다음은
> 예루살렘 지방 절반을 다스리는
> 할로헤스의 아들 살룸과 그의 딸들이 중수하였고 (3:5, 12)

드고아 지방의 귀족들은 성벽 재건에 무관심했습니다. 하지만 모든 귀족이 그러했던 것은 아닙니다. 예를 들어 할로헤스의 자녀들은 대단한 권력을 가지고 있었지만, 앞장서서 성벽을 재건했습니다.

> 산발랏이 우리가 성을 건축한다 함을 듣고
> 크게 분노하여 유다 사람들을 비웃으며 …
> 암몬 사람 도비야는 곁에 있다가 이르되 그들이 건축하는 돌 성벽은
> 여우가 올라가도 곧 무너지리라 하더라 (4:1-3)

이방인들은 느헤미야가 예루살렘에 온 것을 못마땅하게 생각했습니다. 대표적인 사람이 산발랏과 도비야입니다. 산발랏과 도비야는 성벽을 재건하고 있는 유대인들을 비웃었습니다.

> 우리 하나님이여 들으시옵소서 우리가 업신여김을 당하나이다
> 원하건대 그들이 욕하는 것을 자기들의 머리에 돌리사 노략거리가 되어
> 이방에 사로잡히게 하시고 주 앞에서 그들의 악을 덮어 두지 마시며
> 그들의 죄를 도말하지 마옵소서
> 그들이 건축하는 자 앞에서 주를 노하시게 하였음이니이다 하고 (4:4-5)

느헤미야는 이방인들의 조롱을 들었습니다. 산발랏과 도비야가 비웃는 것을 들었습니다. 느헤미야는 흥분하지 않았습니다. 섣불리

싸우지 않았습니다. 대신 하나님께 기도했습니다. 느헤미야는 원수 갚는 것을 하나님께 맡겼습니다.

이방인들의 공격은 일정 부분 성공했습니다. 유대인들은 성벽 재건 공사를 포기하려고 했습니다. 하지만 느헤미야는 포기하지 않았습니다. 느헤미야는 무기로 무장하고서 이방인들을 막았습니다. 이방인들이 더 이상 유대인들을 비방하지 못하게 했습니다. 하나님의 일을 할 때는 언제나 방해가 있습니다. 사탄이 가장 싫어하는 일이기 때문입니다. 하지만 하나님의 일을 할 때는 하나님의 도움이 있습니다. 하나님을 의지하는 사람은 시련을 극복하고 하나님의 뜻을 이룰 수 있습니다.

성벽 재건을 방해한 대표적인 이방인은 누구입니까?

이방인들이 유대인들을 조롱하자 느헤미야는 어떻게
반응했습니까?

기도

하나님. 느헤미야는 대적들의 방해에 직면했습니다. 그러나
느헤미야는 원수들의 공격 앞에서 하나님께 기도했습니다. 저
희도 반대를 만났을 때, 하나님께 기도하게 해 주세요. 시련이
있을 때, 하나님을 의지하게 해 주세요. 예수님의 이름으로 기
도합니다. 아멘.

46주

성벽 역사가 오십이 일 만에 끝나매

느헤미야 5–6장 | 찬송가 350장. 우리들이 싸울 것은

> 어떤 사람은 말하기를 우리가 밭과 포도원과
> 집이라도 저당 잡히고 이 흉년에 곡식을 얻자 하고 (5:3)

성벽 재건을 위해 힘쓰고 있을 때, 흉년이 찾아왔습니다. 가난한 사람들은 밭과 포도원을 팔아서라도 식량을 구해야 했고, 부유한 사람들은 가난한 사람들에게서 밭과 포도원을 싸게 구입해서 더 부자가 되었습니다. 이것은 하나님께서 원하시는 모습이 아닙니다. 공동체 안에서 어려운 사람이 있다면 대가를 바라지 않고 도와주어야 합니다. 이웃의 어려움을 나의 이익을 얻는 기회로 삼아서는 안 됩니다.

나와 내 형제와 종자들도 역시 돈과 양식을

백성에게 꾸어 주었거니와

우리가 그 이자 받기를 그치자 (5:10)

흉년으로 인해 백성들은 큰 어려움을 겪었습니다. 어떤 사람은 식량을 얻기 위해 밭과 포도원을 팔았고, 심지어 자녀를 종으로 판 사람도 있었습니다. 느헤미야는 뒤늦게 이 사실을 알게 되었습니다. 느헤미야는 부자들에게 자신처럼 행동하라고 말했습니다. 느헤미야는 대가를 바라지 않고 가난한 사람들에게 돈과 양식을 빌려주었습니다. 느헤미야가 행동으로 모범을 보이자 부자들도 느헤미야처럼 행동하겠다고 말했습니다. 부자들이 느헤미야에게 설득될 수 있었던 것은 느헤미야의 말과 행동이 일치했기 때문입니다. 느헤미야처럼 말과 행동이 일치하는 사람만이 다른 사람에게 좋은 영향을 줄수 있습니다. 우리는 말과 행동이 일치하는 사람입니까?

산발랏이 다섯 번째는 그 종자의 손에

봉하지 않은 편지를 들려 내게 보냈는데

그 글에 이르기를 이방 중에도 소문이 있고

가스무도 말하기를 너와 유다 사람들이

모반하려 하여 성벽을 건축한다 하나니

네가 그 말과 같이 왕이 되려 하는도다 (6:5-6)

이방인들의 방해에도 불구하고, 유대인들은 느헤미야를 중심으로 성벽을 재건해 나갔습니다. 그러자 이방인들은 느헤미야에 대한 거짓 소문을 퍼뜨렸습니다. 산발랏은 느헤미야가 반란을 일으키려 한다고 거짓말을 했습니다. 거짓말은 힘이 강합니다. 거짓말은 죄가 없는 사람도 죄가 있는 사람처럼 만들 수 있습니다. 그래서 세상 사람들은 거짓말을 자주 합니다. 그러나 우리는 거짓말을 해서는 안 됩니다. 거짓말로 다른 사람을 억울하게 해서는 안 됩니다.

> 성벽 역사가 오십이 일 만인 엘룰월 이십오일에 끝나매
> 우리의 모든 대적과 주위에 있는 이방 족속들이
> 이를 듣고 다 두려워하여 크게 낙담하였으니
> 그들이 우리 하나님께서 이 역사를 이루신 것을 앎이니라 (6:15-16)

원수들은 계속해서 느헤미야를 공격했습니다. 원수들의 위협 속에도 느헤미야는 포기하지 않고 성벽 공사를 진행했습니다. 마침내 성벽이 완성되었습니다. 원수들은 이 일을 보고 크게 놀랐습니다. 사람의 힘으로는 불가능한 공사였기 때문입니다. 느헤미야가 어려운 여건 속에서도 성벽을 재건할 수 있었던 것은 하나님이 느헤미야와 함께하셨기 때문입니다.

묵상

부자들이 느헤미야에게 설득될 수 있었던 이유는
무엇입니까?

느헤미야가 어려운 여건 속에서도 성벽을 재건할 수 있었던
비결은 무엇입니까?

기도

하나님. 느헤미야는 시련 속에서도 포기하지 않고 하나님의
일을 이루었습니다. 저희도 하나님을 위해 살면서 어떠한 시
련 속에서도 포기하지 않고 하나님의 일을 하면서 살아가게
해 주세요. 예수님의 이름으로 기도합니다. 아멘.

47주

모든 백성이 손을 들고 아멘 아멘 하고

느헤미야 7-8장 | 찬송가 351장. 믿는 사람들은 주의 군사니

> 성벽이 건축되매 문짝을 달고 문지기와
> 노래하는 자들과 레위 사람들을 세운 후에 (7:1)

느헤미야가 성벽을 완성한 후 가장 먼저 한 일은 성전에서 봉사하는 사람들을 세우는 일이었습니다. 우리는 여기서 느헤미야가 성벽을 건축한 이유를 알 수 있습니다. 성벽이 없으면 사람이 살 수 없고, 사람이 살지 않으면 성전도 제 기능을 할 수 없습니다. 바로 이것이 느헤미야가 성벽을 건축한 이유입니다. 느헤미야는 성전을 회복하기 위해 성벽을 건축했습니다.

> 내 아우 하나니와 영문의 관원 하나냐가
> 함께 예루살렘을 다스리게 하였는데
> 하나냐는 충성스러운 사람이요
> 하나님을 경외함이 무리 중에서 뛰어난 자라 (7:2)

느헤미야는 성전에서 봉사할 사람을 세운 후에, 예루살렘을 다스릴 지도자를 세웠습니다. 느헤미야는 하나니와 하나냐를 지도자로 세웠습니다. 느헤미야가 이 두 사람을 지도자로 세운 이유는 두 사람이 다른 어떤 사람보다 하나님을 경외하는 사람이었기 때문입니다. 이처럼 하나님은 믿음이 탁월한 사람을 가장 좋아하십니다. 우리는 어떤 사람이 되고 싶습니까? 공부, 운동, 게임에 탁월한 사람보다 믿음이 탁월한 사람이 되어야 합니다.

> 이스라엘 자손이 자기들의 성읍에 거주하였더니
> 일곱째 달에 이르러 모든 백성이 일제히 수문 앞 광장에 모여
> 학사 에스라에게 여호와께서 이스라엘에게 명령하신
> 모세의 율법책을 가져오기를 청하매 (8:1)

성벽은 완성되었습니다. 하지만 성벽이 완성된 것으로 충분하지 않았습니다. 이스라엘이 어려움을 겪은 이유는 율법대로 살지 않았기 때문이었습니다. 따라서 성벽을 완성한 다음에 해야 할 일은 율법을 배우는 일이었습니다. 그래서 유대인들은 에스라를 통해 율법을 배웠습니다.

에스라가 모든 백성 위에 서서 그들 목전에 책을 펴니

책을 펼 때에 모든 백성이 일어서니라

에스라가 위대하신 하나님 여호와를 송축하매

모든 백성이 손을 들고 아멘 아멘 하고

응답하고 몸을 굽혀 얼굴을 땅에 대고 여호와께 경배하니라 (8:5-6)

에스라가 하나님의 말씀을 읽자, 백성들은 손을 들고 "아멘 아멘" 하고 응답했습니다. 백성들이 아멘으로 응답한 것은 하나님의 말씀에 순종하겠다는 의지를 표현한 일이었습니다. 바로 이것이 말씀을 대하는 자세입니다. 하나님의 말씀을 듣는 것도 중요하지만, 듣는 것으로 끝나서는 안 됩니다. 하나님의 말씀은 우리의 삶을 통해 실천되어야 합니다. 우리는 듣기만 하는 사람입니까, 아니면 듣고 순종하는 사람입니까?

묵상

느헤미야가 성벽을 완성한 후 가장 먼저 한 일은 무엇입니까?

느헤미야는 어떤 사람을 지도자로 세웠습니까?

기도

하나님. 이스라엘 백성들은 하나님의 말씀을 들은 후 아멘으로 응답했습니다. 말씀에 순종하겠다는 의지를 확실하게 표현했습니다. 우리도 하나님의 말씀에 아멘으로 응답하게 해 주세요. 말씀을 듣기만 하는 것이 아니라, 행동으로 실천하게 해 주세요. 예수님의 이름으로 기도합니다. 아멘.

48주

우리가 안식일이나 성일에는 그들에게서 사지 않겠고

느헤미야 9-10장 | 찬송가 352장. 십자가 군병들아

> 그 달 스무나흘 날에 이스라엘 자손이
> 다 모여 금식하며 굵은 베 옷을 입고 티끌을 무릅쓰며 (9:1)

이스라엘 백성들은 금식하고, 굵은 베 옷을 입고, 흙먼지를 뒤집어 썼습니다. 이것들은 죄를 회개하는 행동입니다. 이스라엘 백성들은 에스라가 전하는 하나님의 말씀을 들었고, 말씀을 통해 자신들의 죄를 깨달았습니다. 하나님의 말씀에는 죄를 깨닫게 하는 능력이 있습니다. 말씀을 묵상할 때, 죄를 회개하고 더욱더 거룩한 사람이 될 수 있습니다.

모든 이방 사람들과 절교하고 서서

자기의 죄와 조상들의 허물을 자복하고 (9:2)

이스라엘 백성들은 입으로만 회개하지 않았습니다. 이스라엘 백성들은 행동으로 회개했습니다. 이스라엘 백성들은 하나님의 말씀을 들은 다음, 이방 사람들과 절교했습니다. 예를 들어 하나님을 믿지 않는 이방 사람들과 혼인하는 것을 금지했습니다. 우리도 말씀을 들은 다음에는 행동으로 실천해야 합니다. 머리로만 생각하는 것은 참된 순종이 아니고, 입으로만 죄를 자백하는 것은 참된 회개가 아닙니다. 행동으로 실천해야 참된 순종, 참된 회개입니다.

우리의 딸들을 이 땅 백성에게 주지 아니하고

우리의 아들들을 위하여 그들의 딸들을 데려오지 아니하며 (10:30)

이스라엘 백성들은 하나님의 말씀을 들은 다음에, 그 말씀대로 살기로 결단했습니다. 이스라엘 백성들이 가장 먼저 결단한 것은, 이방인들과 교제하거나 혼인하지 않는 것이었습니다. 불신자들과 교제하거나 혼인하다가는 하나님을 향한 믿음과 순종을 잃어버릴 수 있기 때문입니다. 우리는 하나님의 백성으로서 불신자들과 구별되어야 합니다. 그들과 똑같은 삶을 살아서는 안 됩니다.

혹시 이 땅 백성이 안식일에 물품이나

온갖 곡물을 가져다가 팔려고 할지라도

우리가 안식일이나 성일에는 그들에게서 사지 않겠고 (10:31)

이스라엘 백성들이 다음으로 결단한 것은 안식일을 거룩하게 지키는 것입니다. 이스라엘 백성들은 안식일을 거룩하게 지키기 위해,

안식일에 장사하는 일을 중단하겠다고 결단했습니다. 신약의 안식일은 일요일입니다. 일요일은 하나님을 예배하는 날로 지켜야 합니다. 일요일 하루만은 다른 일들을 중단하고, 예배와 기도, 말씀 묵상과 성도의 교제에 힘써야 합니다.

> 우리 산물의 십일조를 레위 사람들에게 주리라 하였나니
> 이 레위 사람들은 우리의 모든 성읍에서 산물의 십일조를
> 받는 자임이며 (10:37)

이스라엘 백성들이 다음으로 결단한 것은 헌금입니다. 특히 하나님께 십일조를 드리겠다고 결단했습니다. 하나님께 십일조를 드리는 것은 우리가 소유한 모든 것이 하나님의 것이며, 하나님께서 주신 것이라는 의미입니다. 또한 돈을 의지하지 않고, 하나님을 의지하겠다는 의미입니다.

왜 이스라엘 백성들은 불신자들과 혼인하지 않기로
결심했습니까?

십일조에는 어떤 의미가 담겨 있습니까?

하나님, 이스라엘 백성들은 말씀을 들은 다음에, 말씀대로 살
겠다고 결단했습니다. 저희도 말씀을 머리로만 이해하지 않
고, 행동으로 실천하게 해 주세요. 불신자들과 구별된 삶을 살
게 해 주세요. 예수님의 이름으로 기도합니다. 아멘.

49주

예루살렘에 거주하기를 자원하는 모든 자

느헤미야 11–13장 | 찬송가 353장. 십자가 군병 되어서

> 예루살렘에 거주하기를 자원하는 모든 자를 위하여
> 백성들이 복을 빌었느니라 (11:2)

예루살렘 성벽은 오랫동안 무너진 상태로 있었습니다. 따라서 예루살렘은 살기에 좋은 환경이 아니었습니다. 하지만 성전이 제 기능을 하기 위해서는 누군가가 예루살렘에서 살아야 했습니다. 이때 예루살렘에서 살겠다고 자원하는 사람들이 있었습니다. 더 좋은 곳을 포기하고 예루살렘에서 살겠다고 자발적으로 나서는 사람들이 있었습니다. 하나님 나라는 이들처럼 자발적으로 희생하고 헌신하는 자들을 통해 세워집니다.

스알디엘의 아들 스룹바벨과 예수아와 함께 돌아온
제사장들과 레위 사람들은 이러하니라 (12:1)

느헤미야 11장에는 예루살렘 거주자들의 명단이 기록되어 있습니다. 성경이 이들의 이름을 기록한 이유는 이들이 성전의 회복을 위해 자신을 희생한 자들이었기 때문입니다. 느헤미야 12장에는 제사장과 레위인의 명단이 기록되어 있습니다. 제사장과 레위인은 성전에서 봉사하는 사람입니다. 성경이 이들의 이름을 기록한 이유는 성전과 예배의 중요성을 강조하기 위해서입니다. 하나님은 예배를 중요하게 여기십니다. 우리도 예배를 중요하게 생각하고 있습니까?

그 때에는 내가 예루살렘에 있지 아니하였느니라
바벨론 왕 아닥사스다 삼십이년에 내가 왕에게 나아갔다가
며칠 후에 왕에게 말미를 청하고 예루살렘에 이르러서야
엘리아십이 도비야를 위하여
하나님의 전 뜰에 방을 만든 악한 일을 안지라 (13:6-7)

느헤미야는 잠시 예루살렘을 떠나 있었습니다. 느헤미야가 자리를 비운 사이, 참으로 끔찍한 일이 일어났습니다. 성전을 지켜야 할 대제사장 엘리아십이, 성전을 더럽히는 행동을 한 것입니다. 엘리아십은 이방인 도비야를 위해 성전에 방을 마련해 주었습니다. 도비야는 성전을 여관처럼 사용하며, 성전을 더럽혔습니다.

느헤미야는 성전에 있던 도비야의 물건들을 모두 내다 버렸습니다. 도비야가 기분 나빠할 수도 있는 일입니다. 하지만 느헤미야는 성전을 거룩하게 하는 일보다 더 중요한 일은 없다고 생각했습니다. 하나님과 사람 중에 하나를 선택해야 할 때가 있습니다. 그때마다 우리는 단호하게 하나님을 선택해야 합니다. 하나님께 순종하기 위해 사람과 갈등을 겪어야 할 때도 있습니다. 그때도 우리는 하나님께 순종하는 것을 선택해야 합니다.

왜 성경은 예루살렘 거주자들의 명단을 기록하고 있습니까?

왜 성경은 제사장과 레위인의 명단을 기록하고 있습니까?

하나님. 사탄은 끊임없이 느헤미야를 공격했습니다. 지금도 사탄은 쉬지 않고 저희를 공격합니다. 사탄의 공격을 이겨 내고, 하나님께 순종하게 해 주세요. 예수님의 이름으로 기도합니다. 아멘.

일주일에 한 번,
온 가족 말씀 동행 프로젝트

에스더

50주

왕이 모든 여자보다 에스더를 더 사랑하므로

에스더 1–3장 | 찬송가 357장. 주 믿는 사람 일어나

이 일은 아하수에로 왕 때에 있었던 일이니
아하수에로는 인도로부터 구스까지
백이십칠 지방을 다스리는 왕이라 (1:1)

아하수에로는 페르시아 제국의 황제였습니다. 아하수에로는 무려 127개의 지방을 다스렸던 대단한 왕이었습니다. 그는 자신의 힘을 과시하기 위해 잔치를 열었습니다.

> 그러나 왕후 와스디는
> 내시가 전하는 왕명을 따르기를 싫어하니
> 왕이 진노하여 마음속이 불 붙는 듯하더라 (1:12)

왕은 자신의 힘을 과시하기 위해 왕비를 백성 앞으로 나오게 했습니다. 하지만 왕비는 왕의 명을 따르지 않았습니다. 아하수에로는 자신의 힘을 과시하려다가 오히려 망신만 당했습니다.

> 그의 삼촌의 딸 하닷사 곧 에스더는
> 부모가 없었으나 용모가 곱고 아리따운 처녀라
> 그의 부모가 죽은 후에 모르드개가
> 자기 딸 같이 양육하더라 (2:7)

당시 페르시아에는 이스라엘 백성들이 많이 살고 있었습니다. 그중에는 모르드개와 에스더가 있었습니다. 모르드개는 부모를 잃어버린 에스더를 딸처럼 양육하고 있었습니다.

> 왕이 모든 여자보다 에스더를 더 사랑하므로
> 그가 모든 처녀보다 왕 앞에 더 은총을 얻은지라
> 왕이 그의 머리에 관을 씌우고
> 와스디를 대신하여 왕후로 삼은 후에 (2:17)

에스더는 와스디를 대신하여 페르시아 제국의 왕비가 되었습니다. 당시에는 아무도 몰랐지만, 이것은 하나님께서 자기 백성들을 보호하기 위한 준비 과정이었습니다. 이후에 하나님은 에스더를 통해 이스라엘 백성들을 돌보셨습니다.

모르드개는 왕을 암살하려는 자들의 시도를 막았습니다. 하지만 어찌된 이유인지, 모르드개는 합당한 보상을 받지 못했습니다. 이것 역시 하나님이 자기 백성을 보호하기 위한 준비 과정이었습니다. 모르드개가 왕을 구한 보상을 받지 못한 이유는 이후에 드러나게 될 것입니다.

하만은 페르시아 제국의 2인자였습니다. 그는 왕 다음으로 큰 힘을 가지고 있었습니다. 하만과 모르드개는 사이가 좋지 않았습니다. 하만은 처음에 모르드개 한 사람만 죽이려고 했습니다. 그러다가 마음을 바꾸어 유대인 전부를 죽일 계획을 세우게 됩니다.

하나님께서 에스더를 페르시아 제국의 왕비로 세우신 이유는
무엇입니까?

모르드개가 왕을 구한 보상을 받지 못한 이유는 무엇입니까?

기도

하나님. 하나님은 자기 백성을 보호하기 위해 에스더를 왕비
로 세우셨습니다. 하나님은 보이지 않는 곳에서 저희를 보호
하고 계십니다. 눈에 보이는 사람과 돈을 의지하기보다 보이
지 않는 하나님을 의지하며 살아가게 해 주세요. 예수님의 이
름으로 기도합니다. 아멘.

51주

규례를 어기고 왕에게 나아가리니 죽으면 죽으리이다

에스더 4~5장 | 찬송가 358장. 주의 진리 위해 십자가 군기

> 왕의 명령과 조서가 각 지방에 이르매
> 유다인이 크게 애통하여 금식하며
> 울며 부르짖고 굵은 베 옷을 입고
> 재에 누운 자가 무수하더라 (4:3)

하만은 유대인을 몰살해야 한다고 왕에게 말했습니다. 왕은 하만의 요구를 들어주었습니다. 하만은 유대인을 몰살할 날을 제비 뽑기로 결정했습니다. 제비 뽑기로 결정된 날은 그해의 열두 번째 달이었습니다. 이 소식을 들은 유대인들은 금식하며 기도했습니다.

당신은 가서 수산에 있는 유다인을

다 모으고 나를 위하여 금식하되

밤낮 삼 일을 먹지도 말고 마시지도 마소서

나도 나의 시녀와 더불어 이렇게 금식한 후에

규례를 어기고 왕에게 나아가리니

죽으면 죽으리이다 하니라 (4:16)

왕궁에 있던 에스더도 하만의 계략을 알게 되었습니다. 하지만 에스더도 어찌할 방도가 없었습니다. 이미 왕은 에스더에 대한 사랑이 많이 식은 상태였습니다. 왕은 무려 30일 동안 에스더를 찾지 않았습니다. 남은 방법은 에스더가 무작정 왕을 찾아가는 것이었지만, 허락 없이 왕을 찾아갔다가는 사형을 당할 수도 있었습니다. 에스더는 하나님의 백성들을 구하기 위해 자신의 목숨을 걸기로 했습니다.

왕후 에스더가 뜰에 선 것을 본즉

매우 사랑스러우므로 손에 잡았던

금 규를 그에게 내미니 에스더가

가까이 가서 금 규 끝을 만진지라 (5:2)

에스더는 허락 없이 왕을 찾아갔습니다. 왕이 보기에 에스더는 무척 사랑스러웠습니다. 왕은 에스더에게 금 지팡이를 내밀었습니다. 허락 없이 찾아온 에스더를 용서한다는 뜻이었습니다. 30일이나 에스더를 찾지 않았던 왕이 갑자기 에스더를 사랑하게 된 이유는 무엇일까요? 하나님께서 왕의 마음을 움직이신 결과입니다. 하나님은 자기 백성들을 지키기 위해 왕의 마음까지도 조종하셨습니다.

왕이 이르되 왕후 에스더여

그대의 소원이 무엇이며 요구가 무엇이냐

나라의 절반이라도 그대에게 주겠노라 하니 (5:3)

에스더는 왕에게 아무 요구도 하지 않았습니다. 오히려 왕이 먼저 에스더에게 원하는 것을 물었습니다. 왕은 에스더가 원하는 것은 무엇이든 들어주겠다고 했습니다. 하나님께서 왕의 마음을 움직이신 결과입니다. 덕분에 에스더는 유대인들을 살리는 데 필요한 것을 요구할 수 있었습니다.

에스더가 이르되 오늘 내가 왕을 위하여

잔치를 베풀었사오니 왕이 좋게 여기시거든

하만과 함께 오소서 하니 (5:4)

에스더는 자신이 준비한 잔치에 왕과 하만을 초청했습니다. 하만은 아무것도 모르고 기쁜 마음으로 잔치에 참여할 것입니다. 하지만 하나님은 이 잔치를 통해 하만을 심판하실 것입니다. 하만은 하나님의 백성들을 죽이려고 대가를 치르게 될 것입니다.

에스더가 왕의 허락 없이 왕을 찾아가면 어떻게 될 수도
있었습니까?

왕이 허락 없이 찾아온 에스더를 사랑한 이유는 무엇입니까?

기도

하나님. 에스더는 하나님의 백성들을 살리기 위해 목숨을 걸
었습니다. 저희도 마음과 힘을 다해 교회 지체들을 사랑하게
해 주세요. 예수님의 이름으로 기도합니다. 아멘.

52주

모르드개를 매달려고 한 나무에 하만을 다니

에스더 6–9장 | 찬송가 364장. 내 기도 하는 그 시간

> 왕이 이르되 이 일에 대하여
> 무슨 존귀와 관작을
> 모르드개에게 베풀었느냐 하니
> 측근 신하들이 대답하되
> 아무것도 베풀지 아니하였나이다 하니라 (6:3)

이전에 모르드개는 왕의 생명을 구하고도 아무런 보상을 받지 못했습니다. 시간이 지난 후에 왕은 모르드개의 공로를 알게 되었습니다. 왕은 보상으로 모르드개를 몹시 높여 주었습니다. 모르드개를 죽이려던 하만의 계략은 큰 차질을 입게 되었습니다.

왕을 모신 내시 중에 하르보나가 왕에게 아뢰되
왕을 위하여 충성된 말로 규발한 모르드개를 달고자 하며
하만이 높이가 오십 규빗 되는 나무를 준비하였는데
이제 그 나무가 하만의 집에 섰나이다
왕이 이르되 하만을 그 나무에 달라 하매
모르드개를 매달려고 한 나무에 하만을 다니
감의 노 가 그치니라 (7:9-10)

하만은 모르드개를 죽이려고 높은 나무를 준비했습니다. 하만은 모르드개를 나무에 달아 죽일 계획이었습니다. 하지만 왕은 모르드개가 충신이라는 사실을 알게 되었습니다. 왕은 모르드개 대신 하만이 그 나무에 달리게 했습니다. 결국 하만은 모르드개를 죽이려던 나무에 자신이 달려 죽고 말았습니다. 악인은 언젠가는 하나님의 심판을 받고, 의인은 언젠가는 하나님의 높이심을 받습니다.

이 조서 초본을 각 지방에 전하고
각 민족에게 반포하고 유다인들에게 준비하였다가
그 대적에게서 원수를 갚게 하셨더라 (8:13)

왕은 하만에게 속아서 백성들이 유대인을 죽일 수 있도록 했습니다. 이제 왕은 새로운 명령을 내렸습니다. 왕은 유대인들이 자신의 목숨을 구하기 위해 살인자들과 싸울 수 있도록 했습니다. 이전에는 많은 사람이 유대인들을 죽이려고 했습니다. 제국의 2인자인 하만이 유대인을 미워했기 때문입니다. 하지만 이제는 모르드개가 제국의 2인자가 되었습니다. 유대인들은 오히려 유리한 입장에 서게 되었습니다.

> 유다인이 칼로 그 모든 대적들을 쳐서
> 도륙하고 진멸하고 자기를 미워하는 자에게
> 마음대로 행하고 (9:5)

유대인들은 원수들과 맞서 싸울 힘을 얻었습니다. 유대인들은 자신들을 죽이려고 하는 자들과 싸웠습니다. 원수들과의 싸움에서 유대인들은 큰 승리를 얻었습니다.

> 이 달 이 날에 유다인들이
> 대적에게서 벗어나서 평안함을 얻어
> 슬픔이 변하여 기쁨이 되고 애통이 변하여
> 길한 날이 되었으니 이 두 날을 지켜
> 잔치를 베풀고 즐기며 서로 예물을 주며
> 가난한 자를 구제하라 하매 (9:22)

하만이 유대인을 죽이려고 한 날이 오히려 유대인들이 원수들을 멸하는 날이 되었습니다. 유대인들은 이날을 대대로 기념하기로 했습니다. 유대인들은 제비 뽑아 정한 날이라는 뜻으로 이날을 '부림절'이라고 부릅니다.

왜 하만은 모르드개를 쉽게 죽일 수 없게 되었습니까?

하만이 모르드개를 죽이려고 준비한 나무에는 결국
누가 달렸습니까?

하나님. 하나님은 페르시아 최고 권력자로부터 유대인들의 생
명을 보호해 주셨습니다. 하나님이 우리와 함께하시면 아무리
강한 사람도 우리를 해칠 수 없음을 믿습니다. 강하고 담대한
마음과 믿음을 주세요. 예수님의 이름으로 기도합니다. 아멘.